二十一世纪高等院校保险系列规划教材

海上保险实训和习题集

袁建华◎主编

西南财经大学出版社
Southwestern University of Finance & Economics Press
中国·成都

图书在版编目(CIP)数据

海上保险实训和习题集/袁建华主编．—成都:西南财经大学出版社,2018．5

ISBN 978－7－5504－3489－9

Ⅰ．①海… Ⅱ．①袁… Ⅲ．①海上运输保险—高等学校—习题集 Ⅳ．①F840．63－44

中国版本图书馆 CIP 数据核字(2018)第 100693 号

海上保险实训和习题集

袁建华 主编

责任编辑:李晓嵩

责任校对:田园

封面设计:何东琳设计工作室

责任印制:朱曼丽

出版发行	西南财经大学出版社(四川省成都市光华村街 55 号)
网　　址	http://www.bookcj.com
电子邮件	bookcj@foxmail.com
邮政编码	610074
电　　话	028－87353785　87352368
照　　排	四川胜翔数码印务设计有限公司
印　　刷	郫县犀浦印刷厂
成品尺寸	185mm×260mm
印　　张	12．5
字　　数	275 千字
版　　次	2018 年 5 月第 1 版
印　　次	2018 年 5 月第 1 次印刷
印　　数	1—2000 册
书　　号	ISBN 978－7－5504－3489－9
定　　价	29．80 元

目　录

第一部分　海上保险实训

实验一　客户投保 ······ (3)
一、客户 ······ (3)
二、海洋货物投保单 ······ (3)
三、投保单的填写 ······ (6)
四、学生练习 ······ (7)
实验二　保险公司承保 ······ (10)
一、保险人 ······ (10)
二、海洋货物保险单 ······ (12)
三、保险单的填写 ······ (14)
四、学生练习 ······ (14)
实验三　学生上机软件操作实验 ······ (17)
一、软件和软硬件要求 ······ (17)
二、教师实验前的准备 ······ (18)
三、演示流程 ······ (26)
四、角色互换 ······ (40)
五、验证查看 ······ (53)
六、实验报告 ······ (63)

第二部分　海上保险习题集

第一章　海上保险概述 ······ (69)
一、填空题 ······ (69)
二、名称解释 ······ (70)
三、是非判断题 ······ (70)
四、单项选择题 ······ (71)

五、多项选择题 …………………………………………………………… (73)
六、思考题 ………………………………………………………………… (75)
七、案例分析题 …………………………………………………………… (76)
第二章　海上保险遵循的原则 ……………………………………………… (78)
一、填空题 ………………………………………………………………… (78)
二、名称解释 ……………………………………………………………… (79)
三、是非判断题 …………………………………………………………… (79)
四、单项选择题 …………………………………………………………… (80)
五、多项选择题 …………………………………………………………… (82)
六、思考题 ………………………………………………………………… (84)
七、案例分析题 …………………………………………………………… (85)
第三章　海上保险合同 ……………………………………………………… (86)
一、填空题 ………………………………………………………………… (86)
二、名称解释 ……………………………………………………………… (87)
三、是非判断题 …………………………………………………………… (87)
四、单项选择题 …………………………………………………………… (88)
五、多项选择题 …………………………………………………………… (90)
六、思考题 ………………………………………………………………… (92)
七、案例分析题 …………………………………………………………… (94)
第四章　海上保险损失的界定 ……………………………………………… (96)
一、填空题 ………………………………………………………………… (96)
二、名称解释 ……………………………………………………………… (97)
三、是非判断题 …………………………………………………………… (97)
四、单项选择题 …………………………………………………………… (98)
五、多项选择题 …………………………………………………………… (100)
六、思考题 ………………………………………………………………… (102)
七、案例分析题 …………………………………………………………… (104)
第五章　海上保险的承保 …………………………………………………… (106)
一、填空题 ………………………………………………………………… (106)
二、名称解释 ……………………………………………………………… (107)
三、是非判断题 …………………………………………………………… (107)
四、单项选择题 …………………………………………………………… (108)
五、多项选择题 …………………………………………………………… (110)

六、思考题 …………………………………………………………（111）
七、案例分析题 ……………………………………………………（113）
第六章　海上保险费率 ……………………………………………（115）
一、填空题 …………………………………………………………（115）
二、名称解释 ………………………………………………………（116）
三、是非判断题 ……………………………………………………（116）
四、单项选择题 ……………………………………………………（117）
五、多项选择题 ……………………………………………………（119）
六、思考题 …………………………………………………………（121）
七、计算题 …………………………………………………………（122）
第七章　海上保险的索赔和理赔 …………………………………（123）
一、填空题 …………………………………………………………（123）
二、名称解释 ………………………………………………………（124）
三、是非判断题 ……………………………………………………（124）
四、单项选择题 ……………………………………………………（125）
五、多项选择题 ……………………………………………………（127）
六、思考题 …………………………………………………………（129）
七、计算题 …………………………………………………………（130）
八、案例分析题 ……………………………………………………（130）
第八章　海上保险的追偿 …………………………………………（132）
一、填空题 …………………………………………………………（132）
二、名称解释 ………………………………………………………（133）
三、是非判断题 ……………………………………………………（133）
四、单项选择题 ……………………………………………………（134）
五、多项选择题 ……………………………………………………（136）
六、思考题 …………………………………………………………（138）
七、案例分析题 ……………………………………………………（139）
第九章　海上货物运输保险的险种概述 …………………………（140）
一、填空题 …………………………………………………………（140）
二、名称解释 ………………………………………………………（141）
三、是非判断题 ……………………………………………………（141）
四、单项选择题 ……………………………………………………（142）
五、多项选择题 ……………………………………………………（144）

六、思考题 …………………………………………………………… (146)
七、案例分析题 ……………………………………………………… (147)
第十章　海上船舶保险 ……………………………………………… (149)
一、填空题 …………………………………………………………… (149)
二、名称解释 ………………………………………………………… (150)
三、是非判断题 ……………………………………………………… (150)
四、单项选择题 ……………………………………………………… (151)
五、多项选择题 ……………………………………………………… (153)
六、思考题 …………………………………………………………… (155)
七、计算题 …………………………………………………………… (157)
八、案例分析题 ……………………………………………………… (157)

第三部分　海上保险习题集参考答案

第一章　海上保险概述 ……………………………………………… (161)
第二章　海上保险遵循的原则 ……………………………………… (164)
第三章　海上保险合同 ……………………………………………… (168)
第四章　海上保险损失的界定 ……………………………………… (171)
第五章　海上货物运输保险的承保 ………………………………… (174)
第六章　海上保险费率 ……………………………………………… (178)
第七章　海上货物运输保险的理赔 ………………………………… (181)
第八章　海上货物运输保险的追偿 ………………………………… (184)
第九章　海上货物运输保险险种概述 ……………………………… (189)
第十章　海上船舶保险 ……………………………………………… (192)

第一部分

海上保险实训

实验一 客户投保

一、客户

在保险行业里，客户指的是投保人或邀保人，是指经申请与保险人订立海洋货物保险合同，负有缴纳保险费义务的一方当事人。海洋运输货物保险的投保人可以是自然人或法人。投保人可以是为自己的利益，也可以是为他人的利益或两者兼有而订立海洋货物保险。作为投保人应当具备以下两个条件：

（1）应当具有民事行为能力。订立海洋货物运输保险合同是一种民事法律行为，因此要求投保人或被保险人应当具有民事行为能力。根据《中华人民共和国民法通则》的规定，投保人必须是年满 18 周岁，以自己的劳动收入为主要生活来源的、精神正常的自然人。投保海洋运输货物保险的企业应当依法取得法人资格。

（2）应当具有保险利益。投保人应当与保险标的之间存在着某种经济与利害关系。没有这种利害关系的人不能向保险公司投保。对保险标的具有保险利益的人包括货物所有人对其享有所有权的货物具有保险利益、船舶所有人、运费所有人对相应的运费具有保险利益以及租船合同中的出租人对其相应的租金具有保险利益等。

客户在海洋运输货物投保时，应该选择什么样的保险公司作为保险标的承保人。选择保险公司将是客户的一个重要考虑因素。比如说，保险公司的财务状况、业务分布、保单条款和保费高低这些都是客户要考虑的因素。并不是每一家公司的保费都是相同的，因此必须比较一下不同公司保费的差别。

二、海洋货物投保单

传统的海洋运输货物投保单由保险公司按照标准格式印刷出来，以备投保人投保时使用，是投保人向保险人提出投保申请和要求保险人同意承保的一个书面文件，是海洋运输货物保险合同组成部分之一（随着网络及电子商务的发展，很多保险公司使用电子投保单，格式和传统投保单一样）。因此，投保人就自己的货物向保险公司投保时，必须在遵守最大诚信原则的前提下，事先填写投保单以及其他形式的投保文件。如有不诚实的内容，就会影响被保险人的索赔权益。

海洋货物运输投保单的式样比较规范。文字采用中英文对照的形式，以适应不同的客户。如果客户是中国人，可以用汉语填写相关内容；如果客户是外国人，可以用英文填写相关内容。不过，我们在实验室进行练习时，要用英文填写。表 1.1 是中国人民财产保险股份有限公司投保单式样。

表 1.1　中国人民财产保险股份有限公司投保单式样

PICC 中国人民财产保险股份有限公司
PICC Property & Casualty Company Limited

货物运输保险投保单

APPLICATION FORM FOR CARGO TRANSPORTATION INSURANCE

1. 被保险人名称： Name of the Insured：*Guangdong Foreign Trade Import & Export Company*					
2. 发票号码： Invoice №：*2016JCNY-101-2* 提单号码： B / L №：*MISC200000537*			合同号码： Contract №：*2016JCNY-101* 信用证号码： L / C №：958126635		
3. 投保险别： Coverage： *Covering All Risks.*					
4. 装载运输工具： Per Conveyance：*BLUE BIRD V50*					
5. 启运日期：　年　月　日 Date of Commencement：*July 21ST, 2016*					
6. 自：From *Shanghai*		经 Via *Singapore*		至 To *New York*	
7. 请如实告知下列情况，如情况相符请在括号内打［√］ Please inform the following conditions, if yes, please put a check mark in the brackets. ①货物种类：袋装［ ］　散装［ ］冷装［ ］液体［ ］活动物［ ］机器／汽车［ ］危险品等级［ ］ Goods：Bag/Jumbo［ ］Bulk［ ］Refer［ ］Liquid［ ］Live Animal［ ］Machine / Auto［ ］Dangerous Class［ ］ ②集装箱种类：普通［ ］开顶［ ］框架［ ］平板［ ］冷藏［ ］ Container：Ordinary［√］Open［ ］Frame［ ］Flat［ ］Refrigerator［ ］ ③运输工具：海轮［ ］飞机［ ］驳船［ ］火车［ ］汽车［ ］ By Transit：Ship［√］Plane［ ］Barge［ ］Train［ ］Truck［ ］					
8. 如为船舶运输，则提供船舶状况： If transported by ship, please provide the conditions of the ship.					
船舶登记号码 Ship Reg. №	船名 Name	船籍 Reg.	船级 Classification	船龄 Age	国际安全认证 ISM① Certified
1985CH2356	*Blue Bird*	*China*	*ZC*	*10*	*Yes*

① 国际安全管理（International Safety Management，ISM）。

表 1.1（续）

<table>
<tr><td colspan="2">9. 发票金额：
Invoice Value：*USD 260 000*</td><td colspan="2">投保加成（%）：
Plus（%）：*10%*</td></tr>
<tr><td colspan="4">10. 被保险项目及保险金额：
Insured Items and Sums Insured：*US dollars two hundred and sixty thousand only*</td></tr>
<tr><td>标 记
Marks of Goods</td><td>包装及数量
Packing & Quantity</td><td>保险货物项目
Descriptions of Goods</td><td>保险金额
Sums Insured</td></tr>
<tr><td>*HUA LING*</td><td>*1 000 sets*</td><td>*HUA LING AIR CONDITIONER KF-23GW/E0101*</td><td>*USD 286 000*</td></tr>
<tr><td colspan="4">11. 总保险金额：
Total Sum Insured：*US dollars two hundred and eighty-six thousand only*</td></tr>
<tr><td colspan="4">12. 赔款偿付地点：
Claims Payable at / in *New York*</td></tr>
<tr><td colspan="4">投保人兹声明所填上述内容属实，同意以本投保单作为订立保险合同的依据；对贵公司就货物运输保险条款及附加条款（包括责任免除部分）的内容及说明已经了解，同意签署正式保险单；发生保险事故时，投保人未按规定交付保险费，保险人不负责赔偿责任。
I (the Applicant) do hereby declare that the above contents are truly filled in, and agree the conclusion of insurance contract based on this application form. I have understood the Company's explanation on the clauses (including exclusions) of Cargo Transportation Insurance and its additional clauses, and I agree to conclude formal insurance contract. In case of damage, if the Insured have not paid the premium in accordance with the agreed method, the Insurer should not liable for any loss.</td></tr>
<tr><td colspan="3">投保人（签章）
Applicant's Signature / Seal
张 强

地址：
Address：*301 Guangzhou road, the People's Insurance Building*</td><td>日期：
Date：*March 10th, 2016*

电话：
Telephone：*020-82217377*</td></tr>
<tr><td colspan="4">以下内容由保险公司填写：
For Office Use Only：

经办人（签名）：李 鹏　　　　核保人（签名）：袁 明

费率及保险费：
Rate and Premium：*0. 9%×286 000=USD 25 740*

免赔率：
Deductible：*5%*

特别约定：
Special Agreements：*双方约定，自签单之日起即缴纳约定保费，如不履行缴纳保费义务，本公司将不承担赔偿责任*</td></tr>
</table>

三、投保单的填写

1. 填写要求

（1）被保险人名称。被保险人是在发生保险事故损失时，有向保险人请示赔偿权的人。如果买方为被保险人，保险责任从货物装上运输工具开始；如果卖方为被保险人，保险责任则从保险单载明的起运地运出时开始。

（2）货物名称、数量、包装及标志。货物在装船前必须具备完好的、适合海上运输的包装和标志，如果由于标志不清、包装不合适引起的货物损失及费用，一概由货主负责。因此，货物的标志要求要与提单上所载的标记符号一致，特别要同刷在货物外包装上的实际标志一致。

（3）投保金额。这是指投保人拟投保的保险金额，如以 CIP 价格成交的货物，投保金额以 CIF 价格加成 10% 为准；如以 FOB 或 CFR 价格成交，必须先换算成 CIF 价格，然后再加成确定保险金额。

（4）装运工具。如果是用船舶运输，写明船名、吨位、建造年份、船籍、是否需要转运；如果是联运，则要写明联运方式等。

（5）开航日期。开航日期是指载运被保险货物的船舶或其他运输工具的开航及抵达日期，如果知道确切开航日期，则填上确切的日期；如果不知道确切开航月期，则可填开航日期待定。

（6）航程或路程。写明出发港到目的港。如果到达目的地的路线有两条或两条以上，则要写明具体的路线。如果收货人的目的地在内陆，要在投保时写上内陆目的地。

（7）提单或运单号码。提单是指在班轮运输中，承运人和托运人之间订立的规定双方在货物运输过程中的权利、义务、责任和免责的合同。因此，提单是一种重要的海上货物运输合同的证明，它证明海上货物运输合同的成立，并表明货物已由承运人收受或装上船并据以把货物交付给收货人。

（8）保险条件。投保人在投保时对需要投保的险别要写明确。按照国际惯例，投保的险种必须和信用证的要求保持一致，必须与贸易合同上所列的保险条件相符。

（9）赔款支付地点。按照国际惯例，进口货物的货物运输保险索赔在国内，出口货物运输保险索赔在国外进口商所在地。

（10）投保日期。投保日期应在船舶开航或运输工具出发之前。目前，我国大部分进口货物在国内投保，特别是以 FOB 和 CFR 价格条件成交的进口货物都由国内的进口商投保。

2. 注意事项

（1）投保人填写完投保单之后，核保人要仔细核对，以避免出现差错。如果投保人对相关事项有疑问或问题，比如计算保险费等，保险人可以提供帮助。

（2）保险人可以指导投保人完成投保单的填写工作，但是不能代替投保人填写，只能在保险人的指导下，由投保人自己填写。

（3）投保人完成投保单的填写之后，保险人要检查投保人是否在投保单的右角下签名，以避免日后发生索赔时产生不必要的纠纷。

3. 填写内容

（1）投保人：广东机器进出口公司（Guangdong Machinery Import & Export Corporation）。

（2）地址：广州市天河路北18号。邮政编码：510023。电话：020-36987456。

（3）保险人：中国人民保险公司广东省分公司（People's Insurance Company of China，Guangdong Branch）。

（4）保险标的：华凌空调（HUA LING AIR CONDITIONER KF-23GW/E0101）。

（5）数量：5 000 台。

（6）起运港：广州。

（7）目的港：澳大利亚（Australia）。

（8）途径港：新加坡（Singapore）。

（9）开航日期：2016 年 7 月 22 日。

（10）商标号：HUA LING。

（11）CIF 价格成交，USD300.00/台。

（12）CIF 价格加成 10%投保一切险，费率为 0.8%。

（13）提单号：B/L GZ-T569874。

（14）船名：海鸥号 148（Seagull V. 148）。

（15）保单号码：M564892132568。

（16）信用证号码：8957/9865。

四、学生练习

根据以上内容，帮助客户填写一份海洋货物运输投保单（纸质版），投保单样式如表 1.2 所示。

表 1.2　海洋货物运输投保单

PICC　中国人民财产保险股份有限公司
PICC Property & Casualty Company Limited

货物运输保险投保单

APPLICATION FORM FOR CARGO TRANSPORTATION INSURANCE

1. 被保险人名称： Name of the Insured：	
2. 发票号码： Invoice №： 提单号码： B / L №：	合同号码： Contract №： 信用证号码： L / C №：958126635

第一部分　海上保险实训

表1.2(续)

3. 投保险别:
Coverage:

4. 装载运输工具:
Per Conveyance:

5. 启运日期:
Date of Commencement: 年 Month 月 Day 日 Year

6. 自:
From 经 Via 至 To

7. 请如实告知下列情况，如情况相符请在括号内打 [√]
Please inform the following conditions, if yes, please put a check mark in the brackets.
①货物种类: 袋装 [ ] 散装 [ ] 冷装 [ ] 液体 [ ] 活动物 [ ] 机器 / 汽车 [ ] 危险品等级 [ ]
Goods: Bag/Jumbo [ ] Bulk [ ] Refer [ ] Liquid [ ] Live Animal [ ] Machine / Auto [ ] Dangerous Class [ ]
②集装箱种类: 普通 [ ] 开顶 [ ] 框架 [ ] 平板 [ ] 冷藏 [ ]
Container: Ordinary [ ] Open [ ] Frame [ ] Flat [ ] Refrigerator [ ]
③运输工具: 海轮 [ ] 飞机 [ ] 驳船 [ ] 火车 [ ] 汽车 [ ]
By Transit: Ship [ ] Plane [ ] Barge [ ] Train [ ] Truck [ ]

8. 如为船舶运输，则提供船舶状况:
If transported by ship, please provide the conditions of the ship.

船舶登记号码 Ship Reg. №	船名 Name	船籍 Reg.	船级 Classification	船龄 Age	国际安全认证 ISM① Certified
					Yes

9. 发票金额:
Invoice Value:
投保加成（%）:
Plus（%）:

10. 被保险项目及保险金额:
Insured Items and Sums Insured:

标 记 Marks of Goods	包装及数量 Packing & Quantity	保险货物项目 Descriptions of Goods	保险金额 Sums Insured

11. 总保险金额:
Total Sum Insured:

12. 赔款偿付地点:
Claims Payable at / in

① 国际安全管理（International Safety Management, ISM）。

表1.2(续)

投保人兹声明所填上述内容属实，同意以本投保单作为订立保险合同的依据；对贵公司就货物运输保险条款及附加条款（包括责任免除部分）的内容及说明已经了解，同意签署正式保险单；发生保险事故时，投保人未按规定交付保险费，保险人不负责赔偿责任。 I (the Applicant) do hereby declare that the above contents are truly filled in, and agree the conclusion of insurance contract based on this application form. I have understood the Company's explanation on the clauses (including exclusions) of Cargo Transportation Insurance and its additional clauses, and I agree to conclude formal insurance contract. In case of damage, if the Insured have not paid the premium in accordance with the agreed method, the Insurer should not liable for any loss.
投保人（签章） Applicant's Signature / Seal　　　　日期： Date： 地址： Address：　　　　电话： Telephone：
以下内容由保险公司填写： For Office Use Only： 经办人（签名）：__________　　核保人（签名）：__________ 费率及保险费： Rate and Premium：__________ 免赔率： Deductible：__________ 特别约定： Special Agreements：__________

实验二 保险公司承保

一、保险人

在海上保险合同中，保险人是指按照合同约定，收取保险费，承担赔偿责任的一方当事人。根据各国保险业的实际情况，保险人是经营保险业务的经济组织或个人。这些经济组织的形式各不一样，其形式包括股份有限公司、相互保险公司、保险合作社、国家经营保险及个人经营保险等。无论哪种形式的保险组织要成为海上保险合同的保险人都必须经过政府机构的批准，取得保险人资格，并且应当具有经营海上保险业务范围的资格。在我国，财产保险公司都可以经营海上保险业务。

保险公司在承保过程中，要对投保标的进行审核，其内容一般包括：

1. 投保风险因素审核

（1）保险标的。保险标的是保险公司承担风险责任的对象，保险标的本身的特性、客观条件与灾害事故危及标的物的可能性及其损失程度有着密切关系，也是保险公司确定是否予以承保和厘定保险费率的依据。因此，保险公司对投保标的物的危险性质、管理的情况，在核保过程中，必须进行调查。

（2）被保险人的信誉。在保险承保活动中，调查被保险人的信誉与道德风险是至关重要的。其原因在于风险的发生在很大程度上同人的因素有关。不诚实、不道德的被保险人会给保险公司带来难以预料的风险。

（3）运输工具。运输工具包括船舶及陆上运输工具等。以船舶运输工具为例，要查对与投保有关船舶的建造年份、吨位、配备及各方面性能，还要审查投保人所约定的船舶价值是否适当，船舶是否悬挂方便旗。

（4）行程及地区。行程的长短，途中有无转换船舶，起运港的设备及其管理等，对风险的产生与否均有极大影响。

（5）保险条件。保险条件是决定费率高低的主要因素。除了要认真审查保险条件外，还要审查货物与保险条件是否适当，投保的保险条件与信用证、银行的要求是否相适应。

（6）气候条件。航行期间和航行范围内的气候因素，如季节风、雨雾、地震、火山爆发、礁石、浅滩、海啸及风暴等情况，均在审查范围之内。

（7）过去的损失率。从被保险标的以往的损失情况，一方面可以审定是否存在道德风险的因素，另一方面可以根据以往损失的大小，决定是否降低或提高保险费率，或者不予承保。

2. 保险费率审核

核保人员对上述因素经过周详审慎的考虑后，如决定对投保标的予以承保，应根据上述因素核定费率是否适当。核保过程中，核保人员应就每一笔业务的实际情况与制定它所适用的那类费率的限定条件进行对比检查，既要根据保险开价所应用的费率，又要参考以往惯例、保险市场情况、承保方式以及被保险人各项特殊因素等进行综合审定。当保险市场上有同业工会统一费率时，还应遵守有关规章。

3. 保险业务选择

为了保证业务质量，保险公司在审定投保因素后，对承揽的风险还要进行最后选择。经过选择后，保险公司应根据具体情况对原承保条件进行修改或补充，采取某些限制性措施，确定新的、合理的承保条件或拒绝承保。例如，控制保险金额、确定保险限额、规定免赔率或被保险人自负一部分责任等。

4. 危险分散与控制

同其他保险一样，海上保险也是运用危险分散的科学方法，达到损失分摊的目的。单一的保险公司在承保了大量的标的风险后，不可能将所保业务全部自留，尤其是巨额风险的标的，以平均分散风险的原则，将自己承担的风险责任的一部分转嫁给另一个保险公司承担，这种风险责任的再转嫁称为再保险。

在再保险业务中，保险公司对本身所承担的海上保险业务中每一危险单位负责的限额称为自留额。因此，保险公司承受投保人投保的数额应受其自留额与再保险责任额总和的约束。在没有做进一步的安排之前，保险公司不能签发高于总额的保险单，这就是保险公司的承保能力。

5. 保险合同的签订

核保工作完成后，可以确认承保的保险标的，需要与投保人或被保险人达成协议，正式签订保险合同。订立保险合同是海上保险承保的最后一环。在组成保险合同的文件中，保险单或保险凭证是其最直接、最基本的代表文件。保险单的签发，既表明了海上保险经济关系的正式确立，又表明了保险承保活动的结束。签订合同的手续包括以下几个方面的内容：

（1）出具保险单。海上保险单是国际贸易和运输中不可缺少的单据和文件。因此，保险单的质量不仅涉及保险公司的声誉，还会牵涉一个国家的对外影响。例如，保险单的文字和语句必须清楚明确；保险单上所列内容必须符合信用证上对保险条件的规定；保险单正本一般一式两份，一份交投保人，一份由保险公司自留；保险单要按编号顺序使用，对注销的保险单要将正本排列归档，以便查核；保险单制成后，由复核人员复核，加盖公司总经理或法人公章。

（2）保险单条款的英文表达。这些英文表达是一个固定的模式，只需替换险种，其余内容基本一样。海洋货物运输保险包括基本险（平安险、水渍险和一切险）、附加险（一般附加险、特别附加险和特殊附加险），此外还有两个专门险（海洋货物冷藏险和散装桐油险）

二、海洋货物保险单

海洋货物运输保险单是保险人向投保人或被保险人签发的正式的书面文件，是保险人向投保人或被保险人证明保险公司对保险标的承保的一种证明。海洋货物运输保险单一般是一式三份，一份是正本，交给投保人或被保险人保存，在保险标的发生保险责任事故时作为向保险人提出索赔的依据之一。其他两份是副本，其中一份副本由保险公司归档，另一份副本由保险公司的承保中心保存，当保险标的发生保险事故时，用于核对之用。

1. 海洋货物运输投保单式样

海洋货物运输保险单的式样十分规范，是一种格式保险单。文字采用中英文对照的形式，以适应不同的客户。表 1.3 是中国人民保险公司的保险单式样。

表 1.3　　中国人民保险公司保险单式样

PICC　**The People's Insurance Company of China**

总公司设于北京　　一九四九年创立

Head Office: BEIJING　**Established In** 1949

海 洋 货 物 运 输 保 险 单

MARINE CARGO INSURANCE POLICY

发票号码（INVOICE №）*2014CHFG-205692*

合同号（CONTRACT №）*2014CHFG85201*　保险单号次

信用证号（L/C №）*GDSU58647828*　POLICY № *PYYE20165003931 2585698*

被保险人（INSURED）: *Jiangmen Foreign Trade Import & Export Company, Ltd.*

中国人民保险公司（以下简称本公司）根据被保险人惠州外贸进出口有限公司的要求，及其所缴付约定的保险费，按照本保险单承保险别和背面所载条款与下列特别条款承保下述货物运输保险，特签发本保险单。

This policy of Insurance witnesses that the People's Insurance Property Company of China Ltd. (hereinafter called The Company) at the request of *Huizhou Foreign Trade Import & Export Company, Ltd.* (hereinafter called The Insured) and in consideration of the agreed premium paid by the Insured undertakes to insure the under mentioned goods in transportation subject to conditions of the Policy as per the Clauses printed overleaf and other special clauses attached hereon.

表1.3(续)

标 记 Marks of Goods	数 量 及 包 装 Packing Unit Quantity	保险货物项目 Descriptions of Goods	保险金额 Amount Insured
N/M	*200 PIECES*	*ROSEWOOD FUNITURE*	*USD 1 100 000*

总保险金额

TOTAL AMOUNT INSURED: *US DOLLARS ONE MILLION ONE HUNDRED THOUSAND ONLY.*

保费　　　　装载运输工具

PREMIUM: *As arranged*　　　　PER CONVEYANCE: *YUEJIN V30*

开航日期　　　　自　　　　经　　　　至

Date of Commencement　July 12th, 2016　From *Guangzhou, China*　Via *Singapore*　To *Sydney*

承保条件（CONDITIONS）:

Covering All Risks as per Ocean Marine Cargo Clauses of the People's Insurance Company of China Dated 1/1/1981.

所保货物，如发生本保险单项下可能引起索赔的损失或损坏，应立即通知本公司下述代理人查勘。如有索赔，应向本公司提交保险单正本（本保险单共有__份正本）及有关文件。如一份正本已用于索赔，其余正本则自动消失。[In the event of loss damage, which may result in a claim under this Policy, immediate notice must be given to the Company's Agent as mentioned hereunder. Claims, if any, one of the Original Policy which has been issued in ____ Original (s) together with the relevant documents shall be surrendered to the Company, if one of the Original Policy has been accomplished, the others to be void.]

中国人民保险公司 广州 分公司

PICC GUANGZHOU BRANCH

赔款偿付地点（Claim Payable）*Sydney*　　　　Authorized Signature: 李 明

出单日期（Issuing Date）: *July 1s, 2016*

2. 海洋货物运输保险条款的英文表达

为了避免产生对条款内容的误解，保险公司制定了承保范围的英文格式表达方式。比如中国人民保险公司1981年制定的保险条款，其英文措辞如下：

（1）承保中国人民保险公司1981年1月1日制定的平安险加保舱面险。Covering Free from Particular Average (F. P. A) as per Ocean Marine Cargo Clauses of the People's Insurance Company of China dated (1/1/1981), Including Risks on Deck.

（2）承保中国人民保险公司1981年1月1日制定的水渍险加保战争险。Covering with Average (W. P. A) and War Risks as per Ocean Marine Cargo Clauses and Ocean Marine Cargo War Risks Clauses of the People's Insurance Company of China dated (1/1/1981).

（3）承保中国人民保险公司1981年1月1日制定的一切险加保战争险。

Covering All Risks and War Risks as per Ocean Marine Cargo Clauses and Ocean Marine Cargo War Risks Clauses of the People's Insurance Company of China dated (1/1/1981).

三、保险单的填写

货物运输保险单的填写要求如下：

（1）被保险人名称。如果买方为被保险人，一般说来，保险责任从货物装上运输工具开始；如果卖方为被保险人，一般说来，保险责任则从保险单载明的起运地运出时开始。

（2）货物名称、数量。

（3）包装及标志。

（4）保险金额。这是指保险核定的金额。如果以 CIP 价格成交的货物，投保金额可加成 10%。如以 FOB 或 CFR 价格成交，必须先换算成 CIF 价格，然后加上 10%确定保险金额。

FOB 价格或 CFR 价格换算成 CIF 价格的公式如下：

$$\text{CIF} = \frac{(\text{FOB 价格}+\text{运费})\times\text{单价}}{1-(1+\text{加成率})\times\text{保险费率}}$$

CFR 价格换算成 CIF 价格的公式如下：

$$\text{CIF} = \frac{\text{CFR 价格}\times\text{单价}}{1-(1+\text{加成率})\times\text{保险费率}}$$

（5）装运工具。如果是用船舶运输，就应写明船名、吨位、建造年份、船籍、是否需要转运。

（6）开航日期。如果知道确切的开航日期，开航日期要晚于保险单签订日期。例如，2016 年 8 月 8 日开航，保险单必须在开航前一个星期准备好。

（7）航程或路程。例如，从中国广州到澳大利亚悉尼。

（8）提单或运单号码。提单是一种重要的海上货物运输合同的证明，证明海上货物运输合同的成立，并表明货物已由承运人收受或装上船，并把货物交付给收货人。

（9）保险险种及条件。按照国际惯例，承保的险种必须和信用证的要求一致，必须与贸易合同上所列的保险条件相符。

（10）赔款支付地点。赔款支付地点就是目的港。

（11）承保日期。承保日期应该在船舶开航或运输工具出发之前，比如两天之前。一般说来，保险公司与投保人或被保险人应确定一个起保日期，以避免产生纠纷。

（12）签名盖章。

四、学生练习

货物运输保险单模拟内容如下：

（1）投保人：广州对外贸易进出口公司（Guangzhou Foreign Trade Import & Export Corporation)。

（2）投保人地址：广州市中山路 28 号。邮政编码：510023。电话：020-87987458。

（3）保险人：中国人民保险公司广州分公司（People's Insurance Company of China, Guangzhou Branch）。

（4）保险标的：海尔空调（KF23GW/E0101 Haier Air Conditioner）。

（5）数量：2 000 台。

（6）起运港：广州（Guangzhou）。

（7）目的港：澳大利亚（Australia）。

（8）途径港：新加坡（Singapore）。

（9）开航日期：2016 年 8 月 22 日。

（10）商标号：Haier。

（11）FOB 价格成交，USD500.00/台，运费 USD50.00/台。

（12）CIF 价格加成 10%投保一切险，费率为 0.8%。

（13）提单号：B/L GZ-T45697。

（14）船名：BLUE SKEY V. 148。

（15）保单号码：GZ-M123698745632。

（16）信用证号码：GD0014/9869。

（17）出单日期：2016 年 8 月 12 日。

根据以上内容，填写一份海洋货物运输保险单（纸质版），如表 1.4 所示。

表 1.4 海洋货物运输保险单

PICC

The People's Insurance Company of China

总公司设于北京 一九四九年创立

Head Office: BEIJING **Established In** 1949

海 洋 货 物 运 输 保 险 单

MARINE CARGO INSURANCE POLICY

发票号码（Invoice №）

合同号（Contract №） 保险单号次

信用证号（L/C №） POLICY №

被保险人（Insured）：

中国人民保险公司（以下简称本公司）根据被保险人 ____________________ 的要求，及其所缴付约定的保险费，按照本保险单承保险别和背面所载条款与下列特别条款承保下述货物运输保险，特签发本保险单。

This policy of Insurance witnesses that the People's Insurance Property Company of China Ltd. (hereinafter called The Company) at the request of ____________________ (hereafter called the Insured) and in consideration of the agreed premium paid by the Insured undertakes to insure the under mentioned goods in transportation subject to conditions of the Policy as per the Clauses printed overleaf and other special clauses attached hereon.

第一部分 海上保险实训

表1.4(续)

标　　记 Marks of Goods	数量及包装 Packing Unit Quantity	保险货物项目 Descriptions of Goods	保险金额 Amount Insured

总保险金额
Total amount insured:

保费　　　　　　　　　　　　装载运输工具
Premium:　　　　　　　　　　Per Conveyance:

开航日期　　　　自 ________ 经 ________ 至 ________
Date of Commencement　　From　　Via　　to

承保条件（Conditions）:

所保货物，如发生本保险单项下可能引起索赔的损失或损坏，应立即通知本公司下述代理人查勘。如有索赔，应向本公司提交保险单正本（本保险单共有__份正本）及有关文件。如一份正本已用于索赔，其余正本则自动消失。[In the event of loss damage, which may result in a claim under this Policy, immediate notice must be given to the Company's Agent as mentioned hereunder. Claims, if any, one of the Original Policy which has been issued in__Original (s) together with the relevant documents shall be surrendered to the Company, If one of the Original Policy has been accomplished, the others to be void.]

中国人民保险公司　　分公司
PICC　　　　BRANCH

赔款偿付地点（Claim payable）　　签名（盖章）
出单日期（Issuing Date）:　　Authorized Signature:

实验三 学生上机软件操作实验

一、软件和软硬件要求

（一）软件要求

本实验采用的软件是浙科保险实务模拟教学软件 2.0，该软件能够模拟保险公司的所有业务，学生通过模拟客户、保险经纪公司、保险代理人、保险公司等不同角色，通过一系列、多流程的操作，可以真正学习到保险实务中的保险代理、投保、承保、核保、变更、理赔、核赔等核心流程。这样能够让学生很快地熟悉保险公司业务的流程、保险中间人的作用等环节，从而达到从模拟到实践的效果。同时，学生通过参加保险知识在线考试，浏览、学习保险知识库内容，撰写实验报告，分析研究保险案例等，可以全方位提升保险专业理论知识，真正使学生通过使用软件，达到实践与理论一起提高的效果，高度、全面地把握保险业务流程，具备现代化保险从业人员应有的知识结构，能够增强学生的社会就业竞争力。

（二）硬件要求

1. 服务器

操作系统：Microsoft Windows 2000 Server + SP3 或 Microsoft Windows 2003 server + SP1。

数据库：Microsoft SQL Server 2000 标准版或企业版，安装时选择混合模式。

浏览器：Internet Explorer 6 + SP1 或 Internet Explorer 7。

运行框架：Microsoft.NET Framework 2.0 或更高版本。

互联网信息服务（IIS）：在安装操作系统的系统组件时，将 Internet 服务管理器选中，系统自动安装完成。

2. 学生机

操作系统：Microsoft Windows 98 或更高版本。

浏览器：推荐使用 Internet Explorer 6 或更高版本及各种基于 Windows 的浏

览器。

3. 网络要求

本软件适用于局域网和外网，一般使用局域网的网络应用交换机 D-LINK 24 口 3 个。

60 个客户端同时在线时，本软件对服务器的要求：CPU 主频≥900MHZ PⅢ及以上，芯片内存≥256M，硬盘转速≥7 200 转/分，建议使用 10 000 转/分小型计算机接口（SCSI）硬盘。

120 个客户端同时在线时，本软件对服务器的要求：CPU 主频≥1.8GHZ，缓存>1M 至强系列芯片，推荐使用双 CPU 内存≥1G，硬盘建议使用 10 000 转/分 SCSI 硬盘

另外，建议服务器安装 RAID 卡，做 RAID 5，实时备份数据，保证数据的安全性。

二、教师实验前的准备

（一）教师统一帮学生进行注册

打开系统，利用内置的管理员账号登录，创建教师账号。点击【管理员端】按钮，教师注册。利用系统内置的管理员账号（用户名:admin；密码:a）登录，创建教师，创建后退出管理员端。在主登录页面下方点击【管理员端】，进入管理员端登录页面，如图 1.1 和图 1.2 所示。

图 1.1 主界面

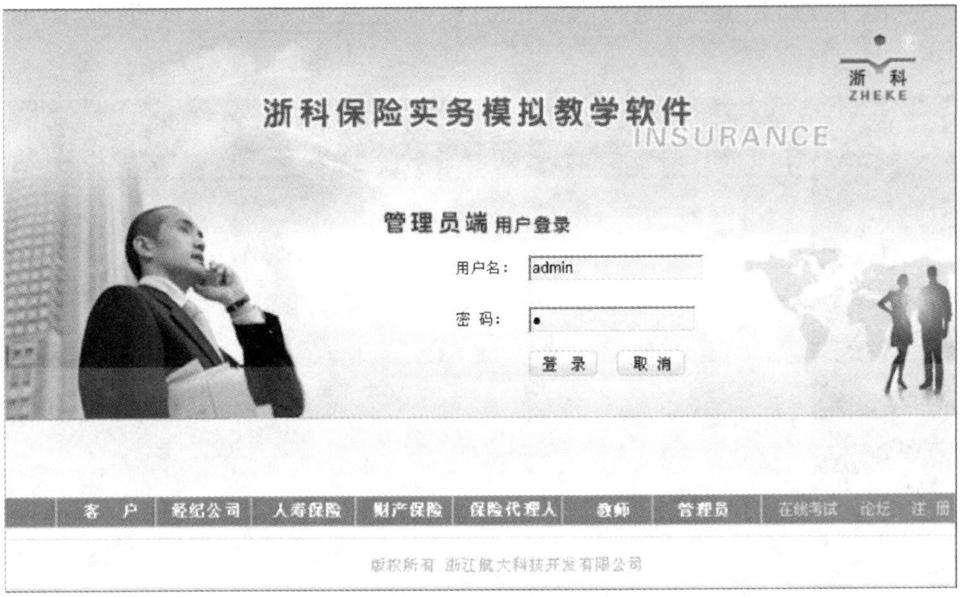

图 1.2 管理员端用户登录

输入用户名和密码，点击【登录】按钮，进入管理员端页面，如图 1.3 所示。

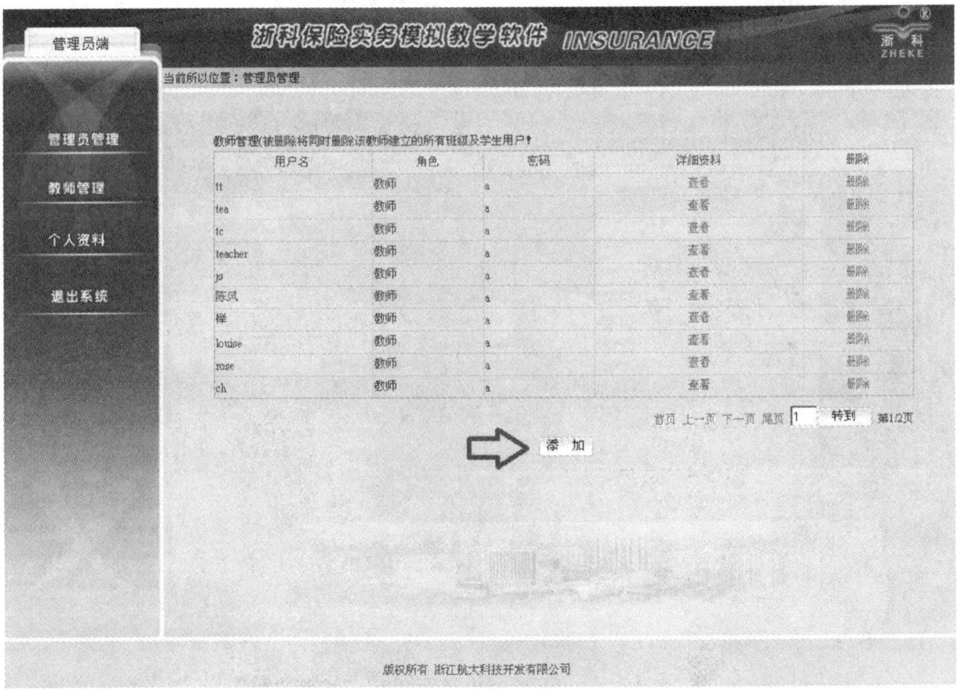

图 1.3 进入管理员界面

点击【添加】按钮，进入添加管理员页面。点击【添加】按钮，如图 1.4 所示。

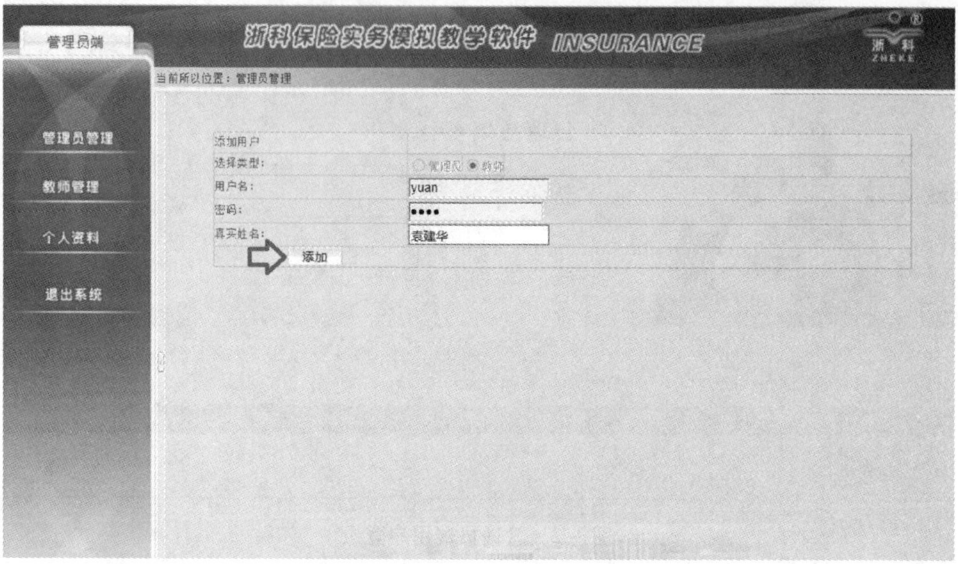

图 1.4　添加

输入用户名、密码、真实姓名，点击【更新】按钮，显示“更新成功”，返回管理员管理页面，如图 1.5 所示。

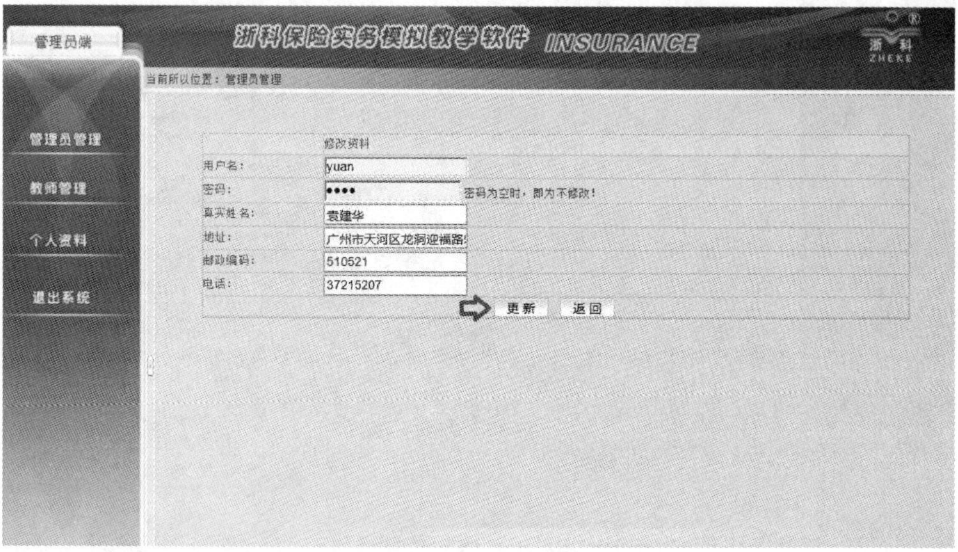

图 1.5　更新

进入教师端页面，输入用户名和密码就可以进行班级管理、学生管理、学生审核、个人资料、案例管理、案例查看、保险产品、保单查看、危险事件、理赔查看、操作得分、评分设置、实验报告、在线考试等操作。

在主登录页面下方点击【教师端】按钮，进入教师端登录页面，如图 1.6 所示。

图 1.6 教师端用户登录

点击【新建班级】按钮，如图 1.7 所示。

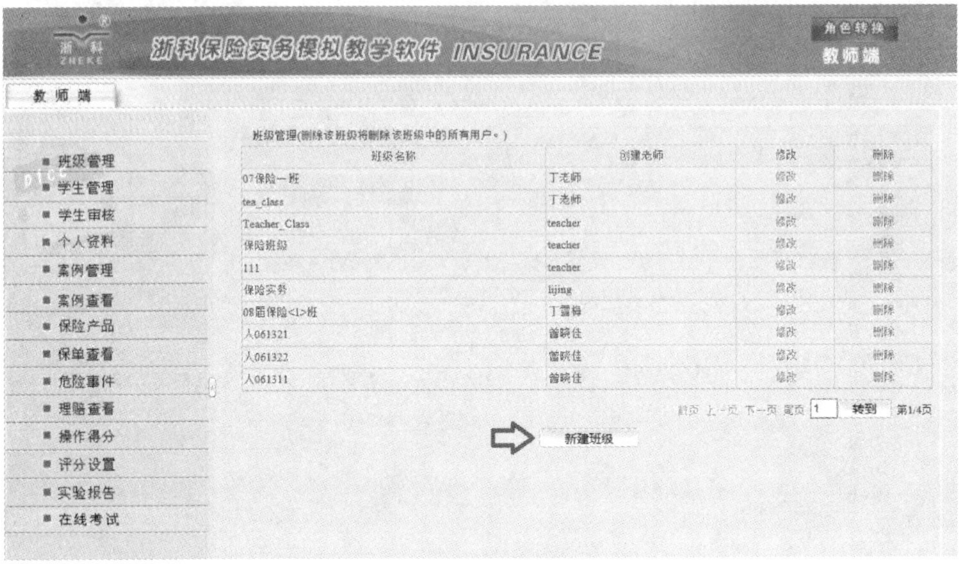

图 1.7 新建班级

新建 1315313 班，点击【新建班级】按钮，进入页面，如图 1.8 所示。

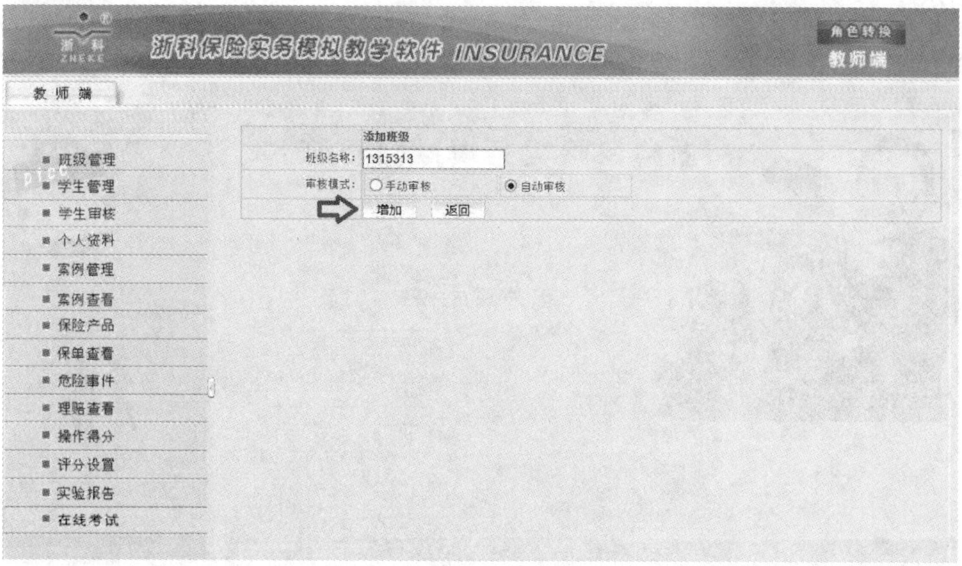

图 1.8　添加班级

点击【添加学生】按钮，教师按照班级学号统一为学生注册（学生也可以自己注册），如图 1.9 所示。

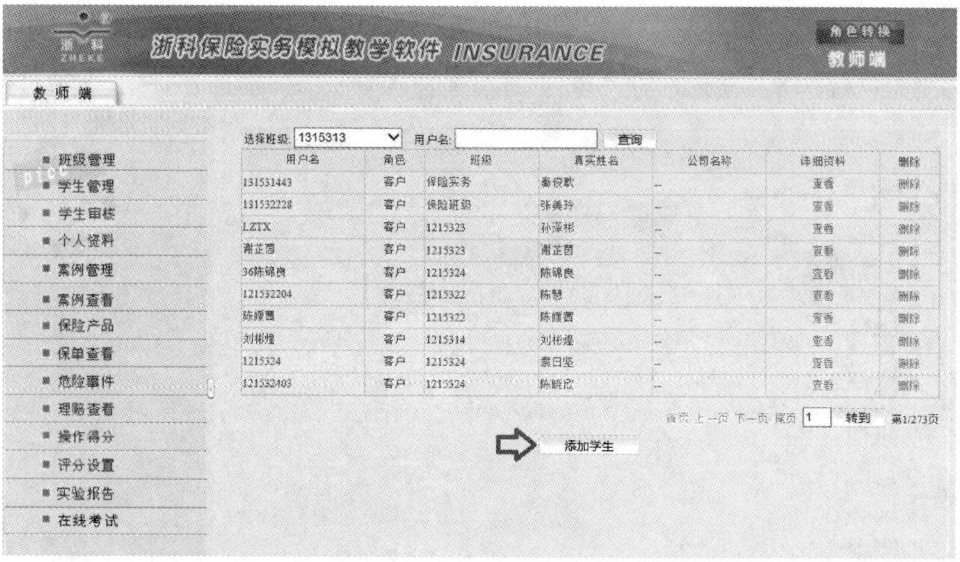

图 1.9　添加学生

教师批量生成学号为 1～60 号，即一个班的学生，其中 1～9 号不要写成 01～09，因为该系统默认 1～9。如果学生是 13153138 号，登录 131531308 号，显示无该学号，如图 1.10 所示。

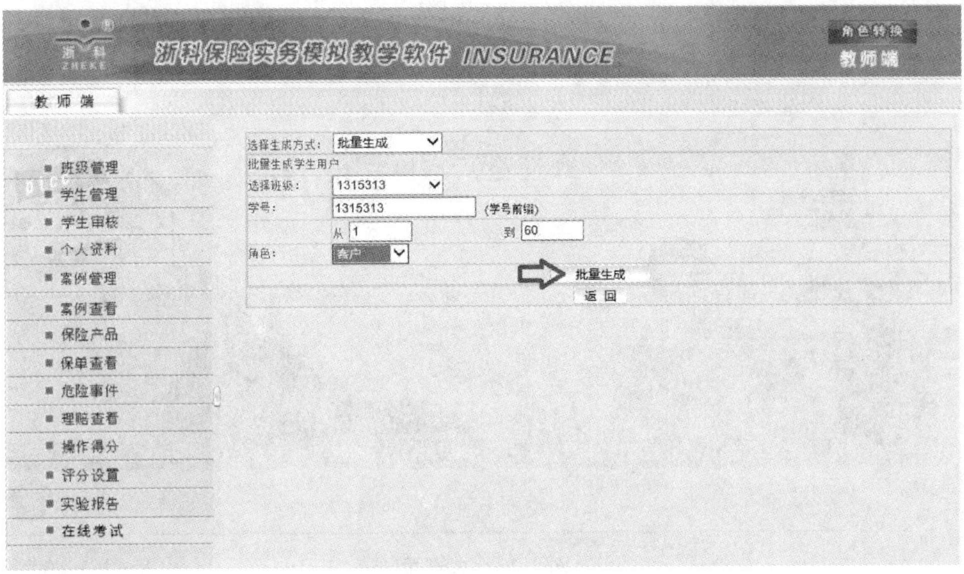

图 1.10　**批量生成**

显示“批量生成用户全部生成成功”字样，如图 1.11 所示。

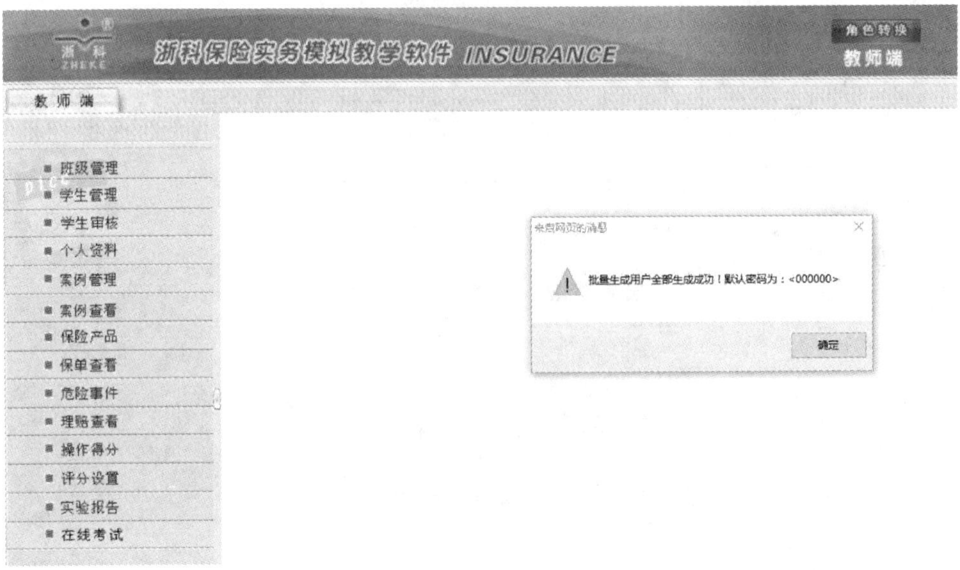

图 1.11　**批量生成成功**

（二）注册保险公司、经纪公司

注册保险公司：进入主界面，点击【注册】按钮，如图 1.12 所示。

图 1.12　主界面

角色：选择保险公司。用户名：选择 1315313，并在对应处输入相关信息。点击【注册】按钮，如图 1.13 所示。

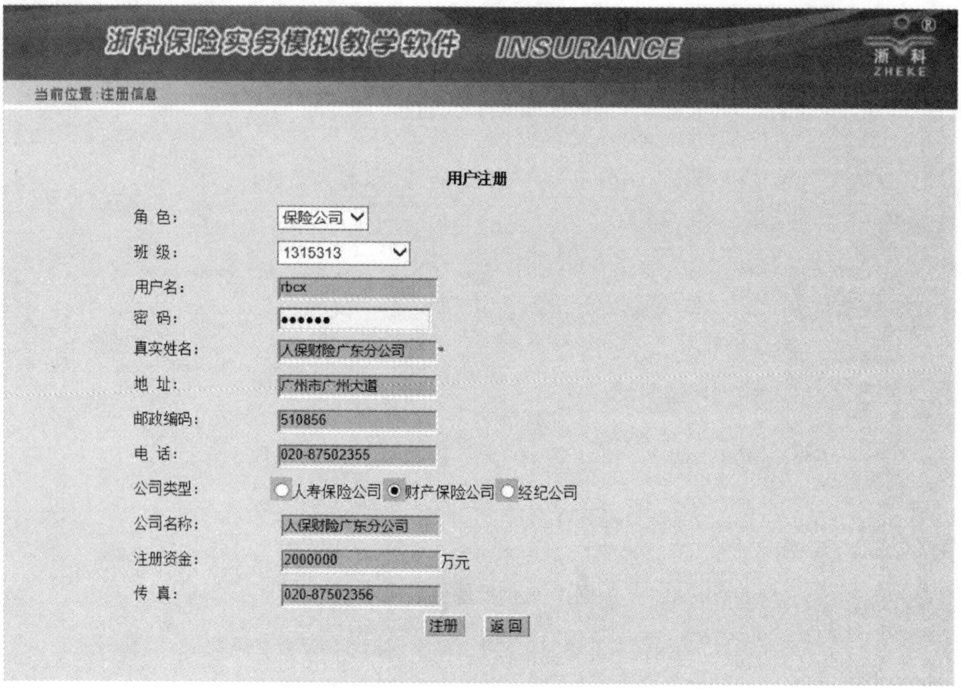

图 1.13　注册

系统显示“注册成功”字样，如图 1.14 所示。

图 1.14　注册成功

注册经纪公司：进入主界面，点击【注册】按钮，如图 1.15 所示。

图 1.15　主界面

角色：选择经纪公司。用户名：选择1315313，并在对应的右边输入相关信息。点击【注册】按钮，如图1.16所示。

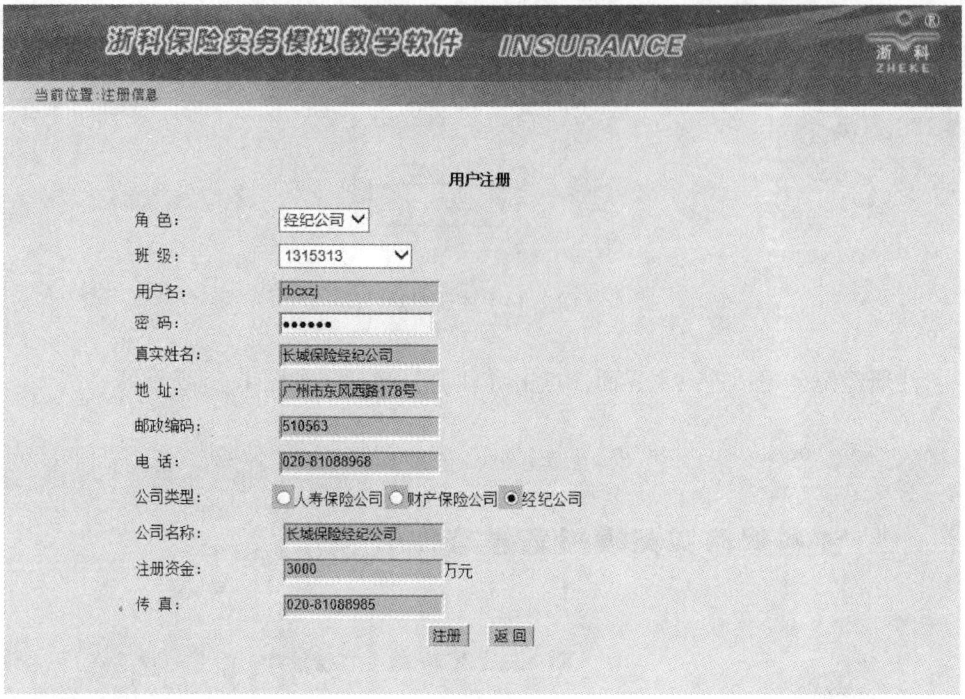

图1.16 注册

系统显示“注册成功”字样，如图1.17所示。

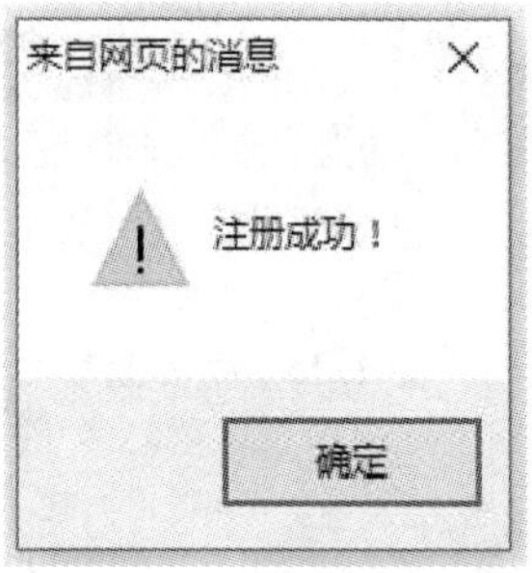

图1.17 注册成功

三、演示流程

以学生“袁大伟”为例，分别扮演客户、经纪公司以及保险公司不同角色，完成客户委托经纪公司、经纪公司接受委托、经纪公司向保险公司询价、保险公司接受经纪公司委托、客户填写投保单、经纪公司审核后提交投保单、客户签字、付费、保险公司核保、出单、归档等一系列模拟实验流程。

客户注册（如果教师统一注册，学生无需自己注册），进入主界面，点击【注册】按钮，如图 1.18 所示。

图 1.18　主界面

角色：选择客户。用户名：选择：1315313，并在对应处输入相关信息。点击【注册】按钮，如图 1.19 所示。

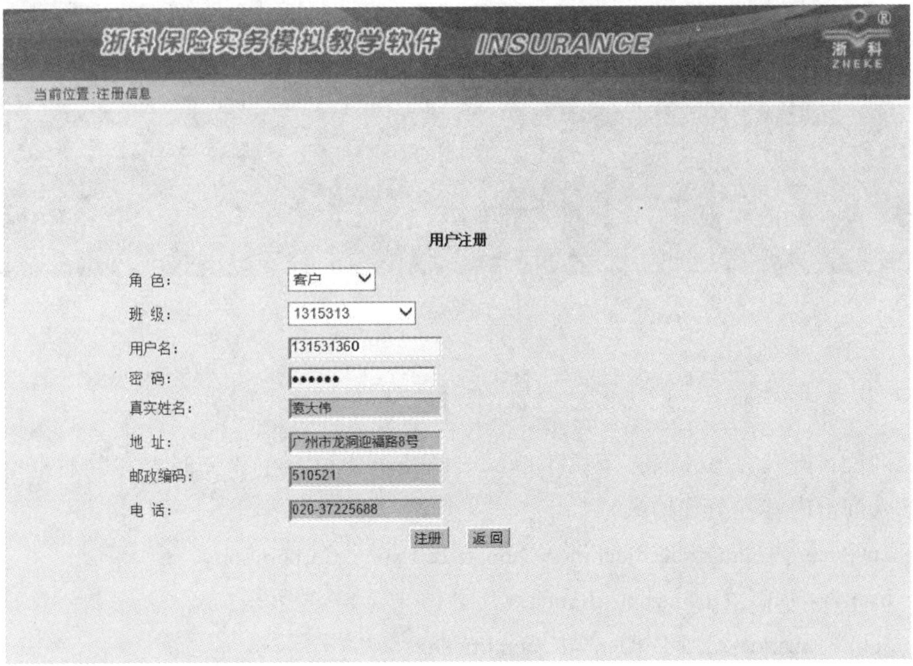

图 1.19　注册

系统显示“注册成功”字样，如图 1.20 所示。

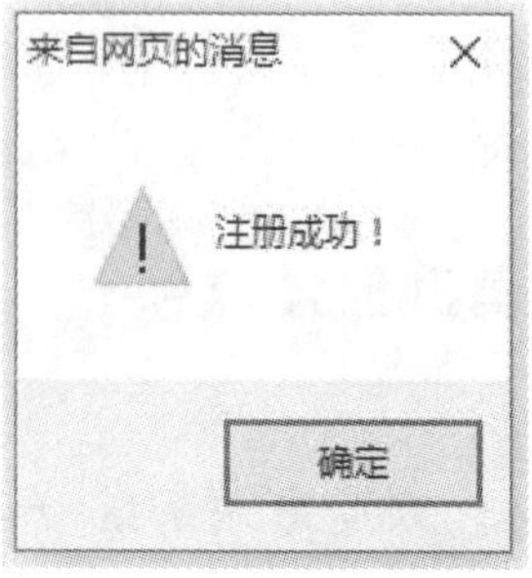

图 1.20　注册成功

（一）角色一：客户

登录 131531360，密码为 000000，如图 1.21 所示。

图 1.21　登录

询价：进入客户界面，下拉菜单，选择经纪公司，在“询问内容”右框空白处输入询价内容（英文输入）如下：

Customer：Guangzhou Machinery Import & Export Corporation

Insurer：PICC Guangzhou Branch

Subject matter：2. 5 P Glee Air Conditioner

Numbers：3 000 sets

Starting port: Guangzhou

Destination: Singapore

点击【询价】按钮，如图 1.22 所示。

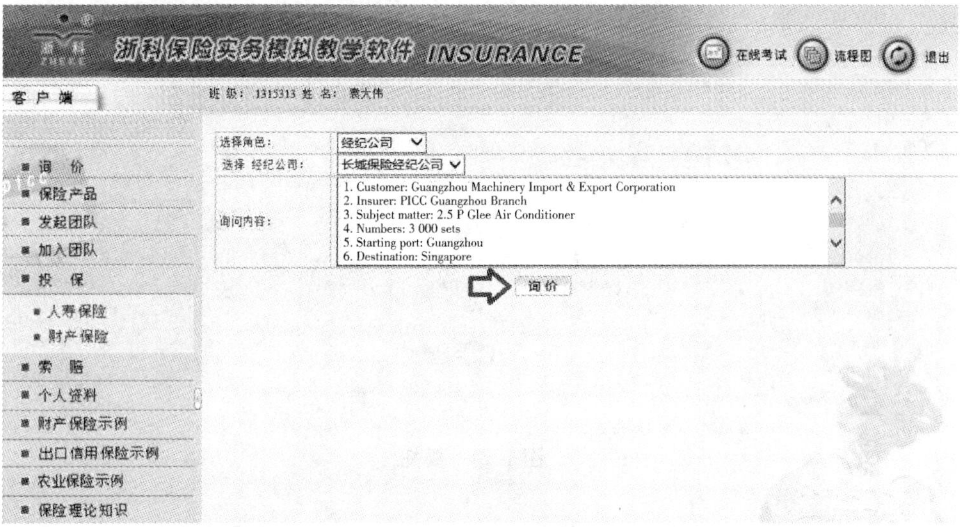

图 1.22　询价

系统显示“询价已发出”，如图 1.23 所示。

图 1.23　询价已发出

点击左边的“财产保险”选项，再点击【委托】按钮，如图 1.24 所示。

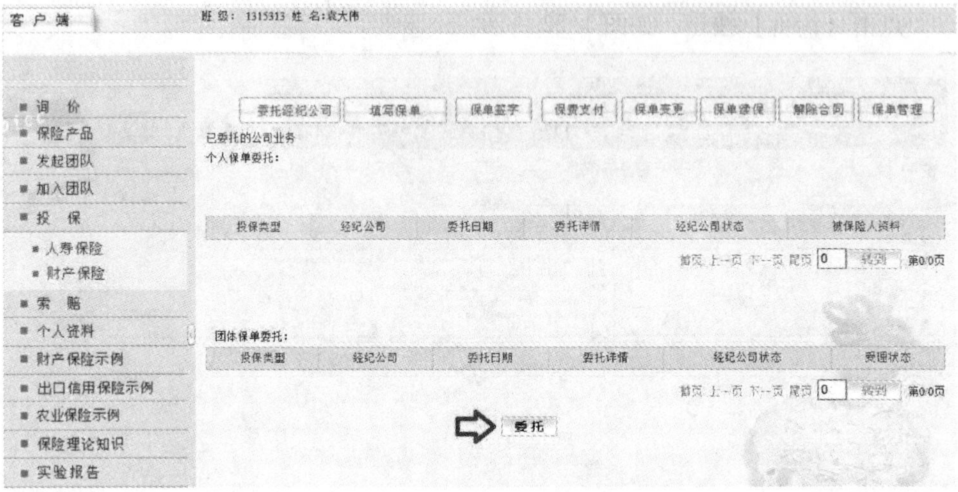

图 1.24 委托

打开下拉菜单，找到“运输货物险”选项，并选定，如图 1.25 所示。

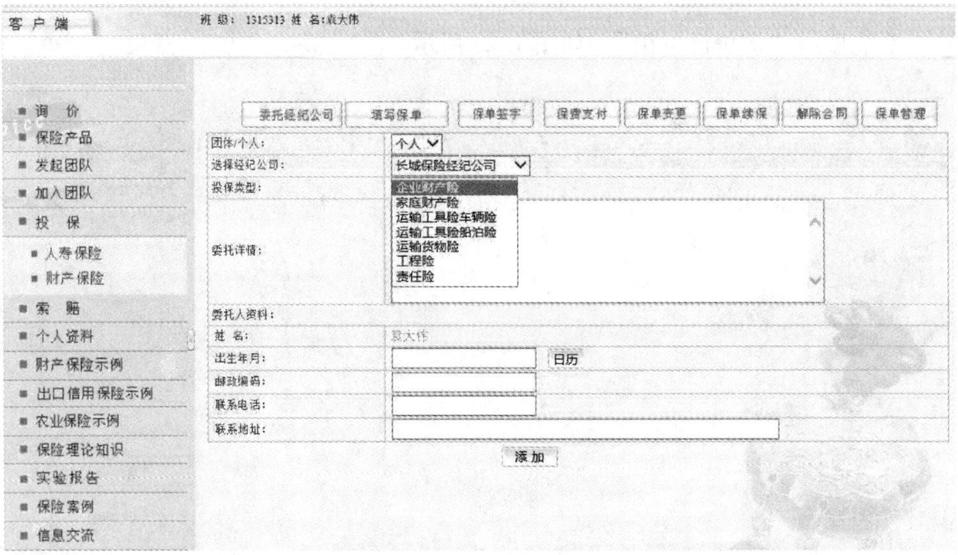

图 1.25 从下拉菜单中选中“运输货物险”

在委托详情空白处输入委托内容，并填写个人信息，点击【添加】按钮，如图 1.26 所示。

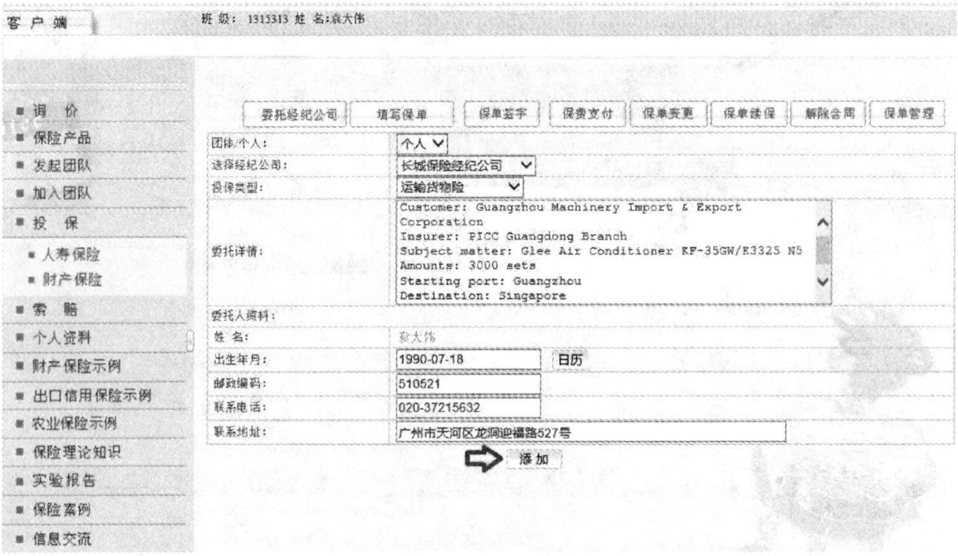

图 1.26　添加

系统显示“委托添加成功”字样，如图 1.27 所示。

图 1.27　委托添加成功

第一部分　海上保险实训

（二）角色二：经纪公司

登录经纪公司用户名，密码为000000，如图1.28所示。

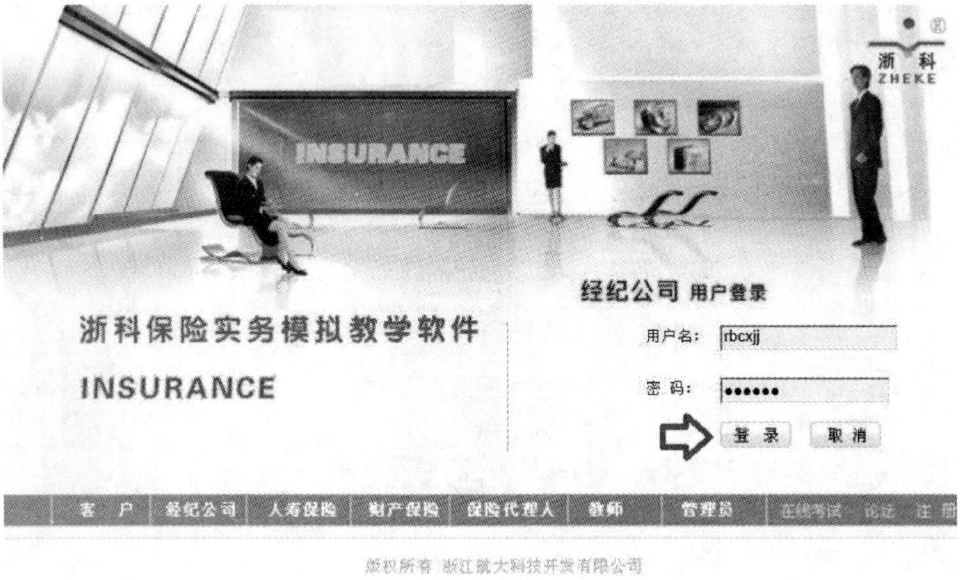

图1.28 登录

进入长城保险经纪公司界面，点击【回复】按钮，如图1.29所示。

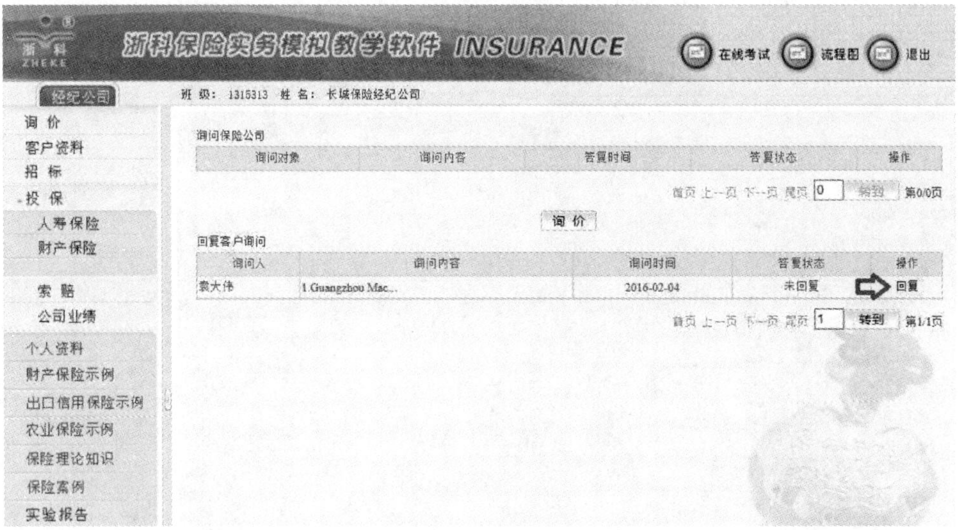

图1.29 回复

回复客户：进入回复界面，在“回复内容”右框空白处输入内容（英文输入），回复内容如下：

Dear Sirs: We have accepted your offer about 3 000 sets of 2.5 P Glee Air Conditioner to Singapore. We are dealing with PICC Guangzhou Branch about your cargo. Once we have information from PICC Guangdong Branch, we will respond you at once. Thank you.

Changcheng Insurance Broker Company, limited.

点击【回复】按钮，如图 1.30 所示。

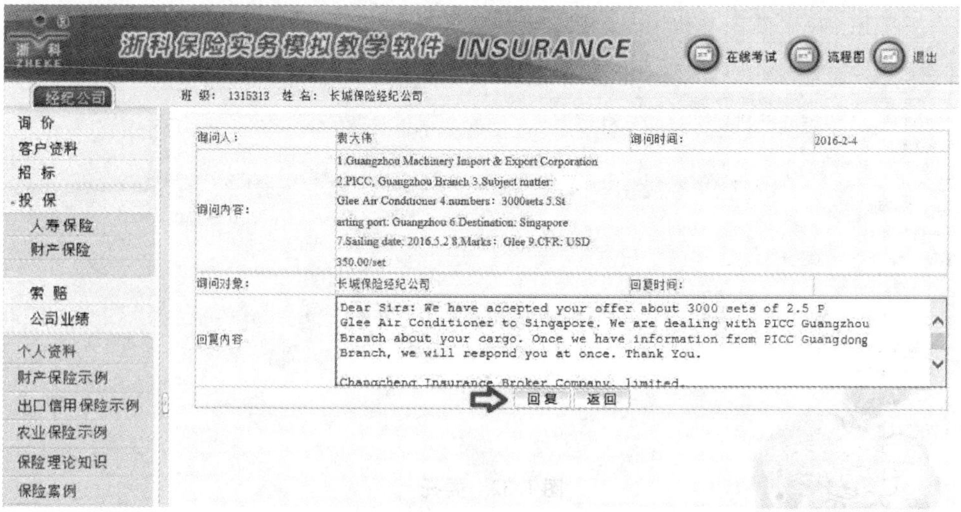

图 1.30　输入回复内容

系统显示“回复成功”字样，如图 1.31 所示。

图 1.31　回复成功

经纪公司接受投保人的委托：进入客户端，输入用户名和密码，打开界面，点击【委托】按钮，如图 1.32 所示。

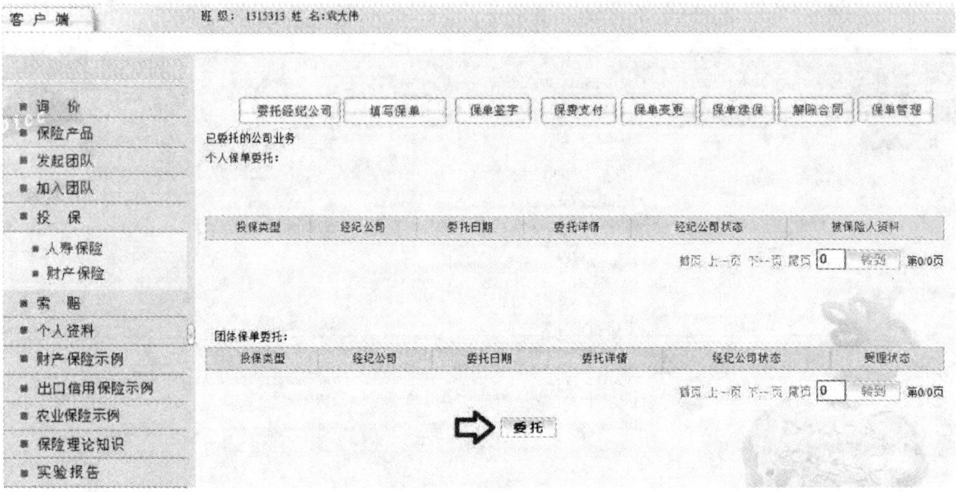

图 1.32　委托

打开下拉菜单，选中“运输货物险”，输入要委托的内容，点击【添加】按钮，如图 1.33 所示。

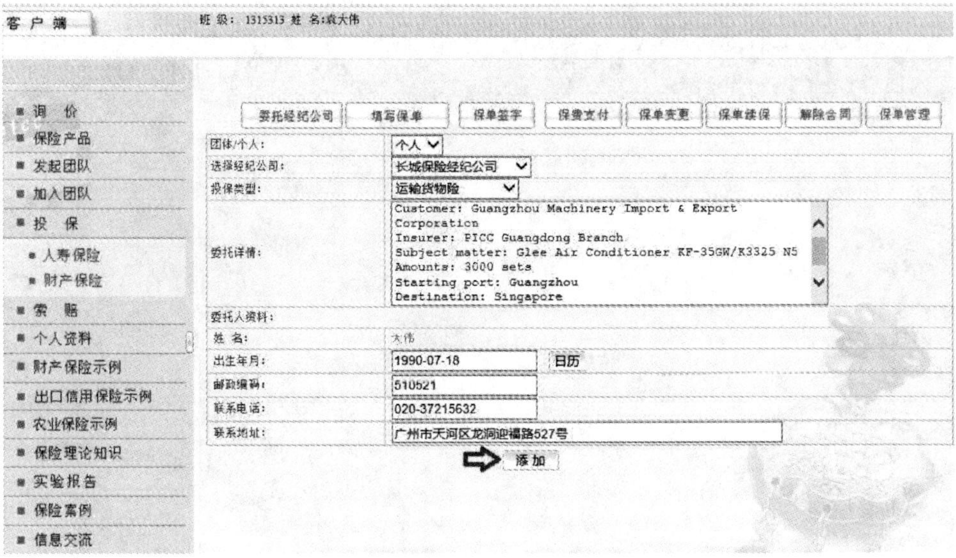

图 1.33　添加

系统显示“委托添加成功”字样，如图 1.34 所示。

图 1.34 委托添加成功

经纪人接受客户的委托：打开下拉菜单，选中“运输货物险”，如图 1.35 所示。

图 1.35 从下拉菜单中选中“运输货物险”

找到“未处理”，点击“处理”选项，如图 1.36 所示。

图 1.36 处理

点击【接受】按钮，如图 1.37 所示。

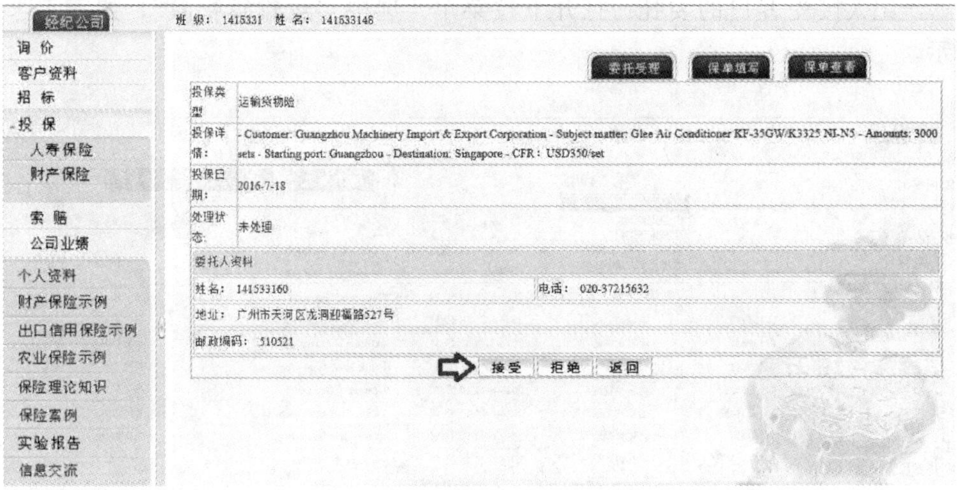

图 1.37 接受

系统显示“成功接受委托”字样，如图 1.38 所示。

图 1.38　成功接受委托

经纪人向保险人询价：长城保险经纪公司向保险公司发出询价，点击左边“询价”选项。在下拉菜单中选择“人保财险广东分公司”。在“询问内容”右框空白处输入询价内容（英文输入）如下：

Customer：Guangzhou Machinery Import & Export Corporation.

Subject matter：2. 5 P Glee Air Conditioner.

Amounts：3 000 sets

Starting port：Guangzhou

Destination：Singapore

Sailing date：2016. 5. 2

Marks：Glee

CFR：USD350. 00/set

How about the rate? Thank you.

Changcheng Insurance Broker Company, limited.

点击【询价】按钮，如图 1.39 所示。

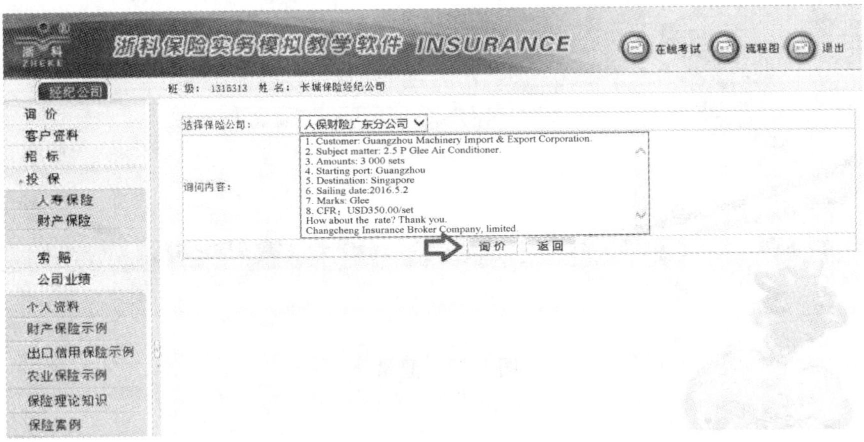

图 1.39　询价

系统显示“询价请求已发出！请等待……”字样，如图 1.40 所示。

图 1.40　询价请求发出！请等待……

（三）角色三：保险公司

登录保险公司用户名，密码为 000000，如图 1.41 所示。

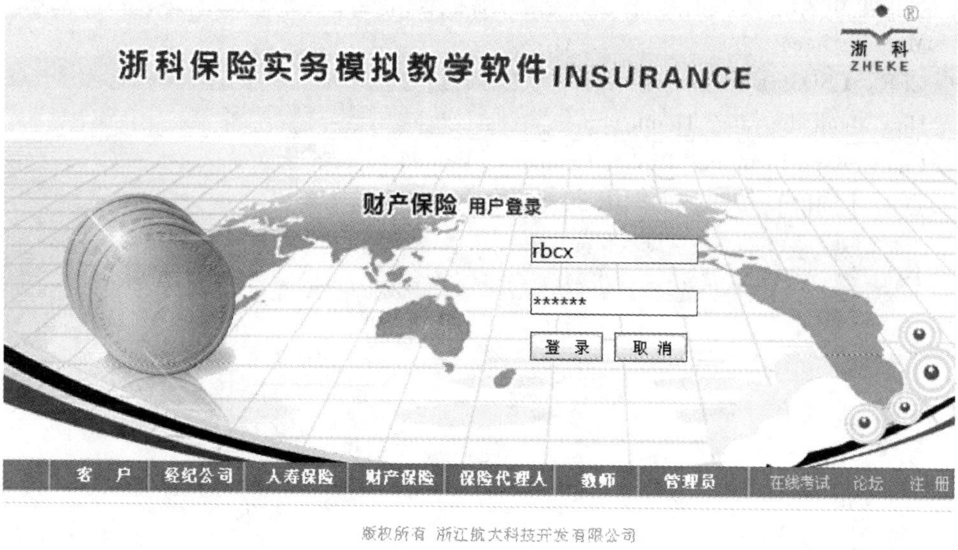

图 1.41　登录

进入财险公司界面，点击【回复】按钮，如图 1.42 所示。

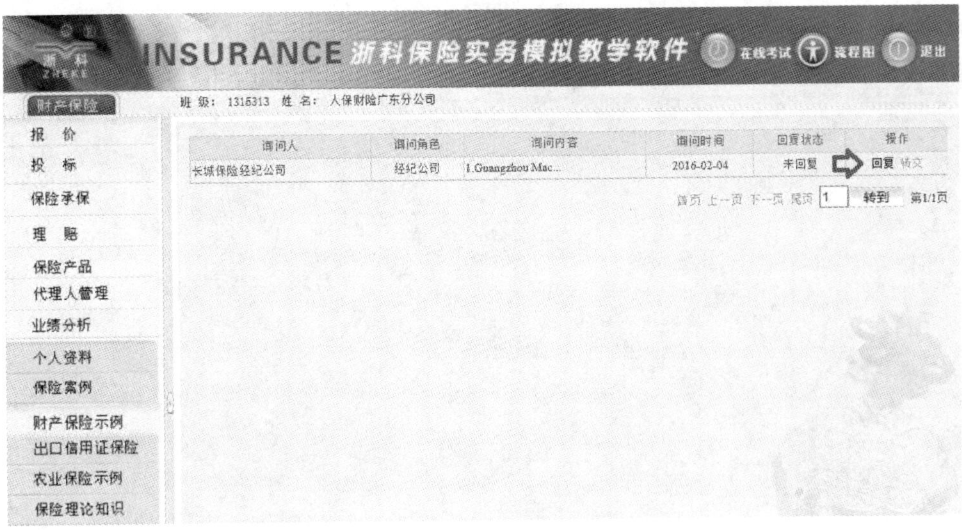

图 1.42　回复

进入回复界面，在“回复内容”右框空白处输入内容（英文输入），回复内容如下：

Dear Sirs: We are pleased to accept your offer about Glee Air Conditioner KF-35GW/K3325 NI-N5 offered by Guangzhou Machinery Import & Export Corporation. The premium rate is 0.8%. The sum insured is CIF plus 10%. Thank you.

PICC Guangdong Branch

点击【回复】按钮，如图 1.43 所示。

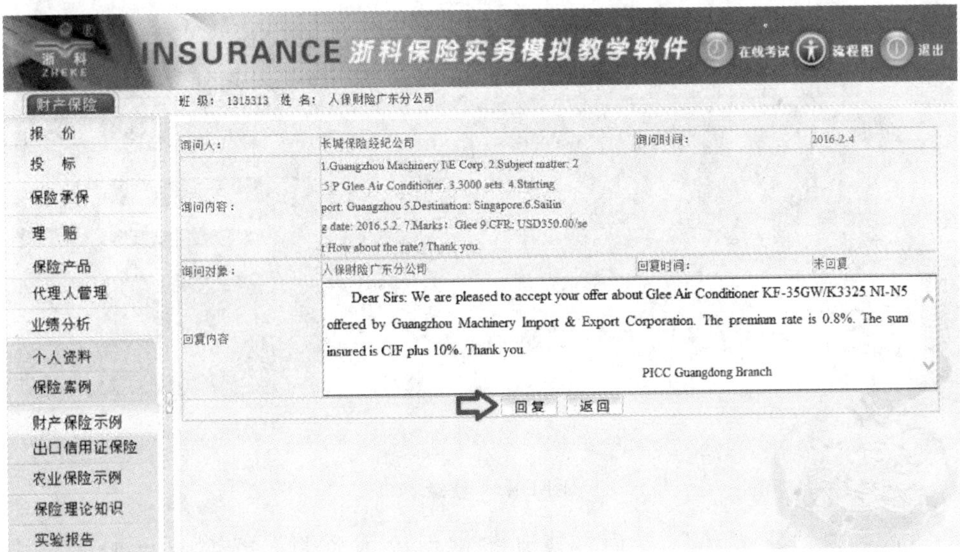

图 1.43　输入回复内容

系统显示“回复成功”字样，如图 1.44 所示。

图 1.44　回复成功

四、角色互换

(一) 客户填写投保单

登录 131531360，密码为 000000，如图 1.45 所示。

图 1.45　登录

进入客户“袁大伟”界面，找到“被保险人资料”选项，点击“未填写”。开始填写投保单，分别在相应的栏目中填写投保人购买保险的所有信息，如图 1.46 所示。

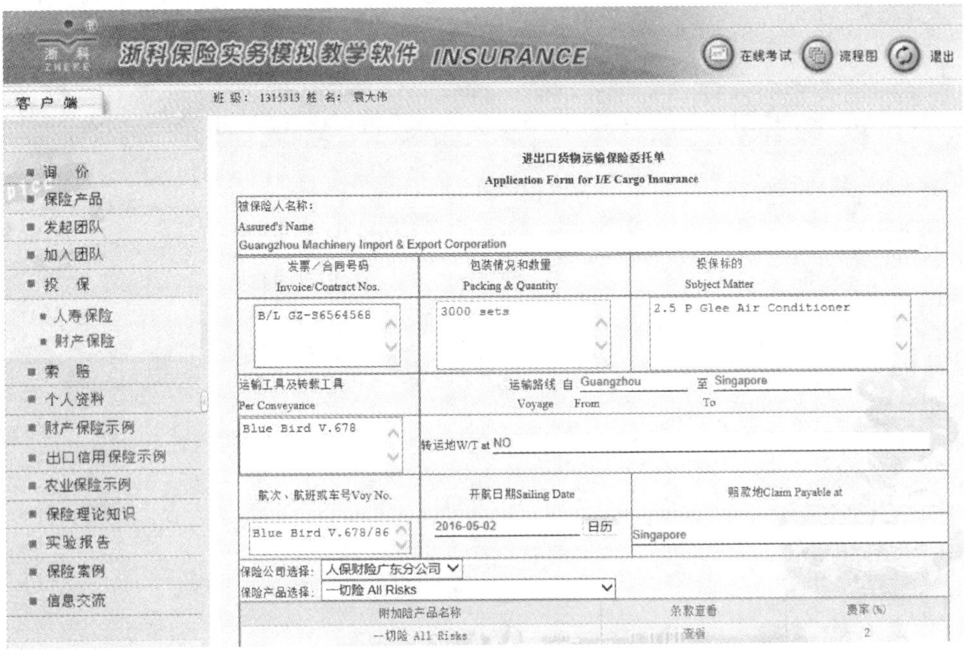

图 1.46 填写投保单

点击【保存】按钮，如图 1.47 所示。

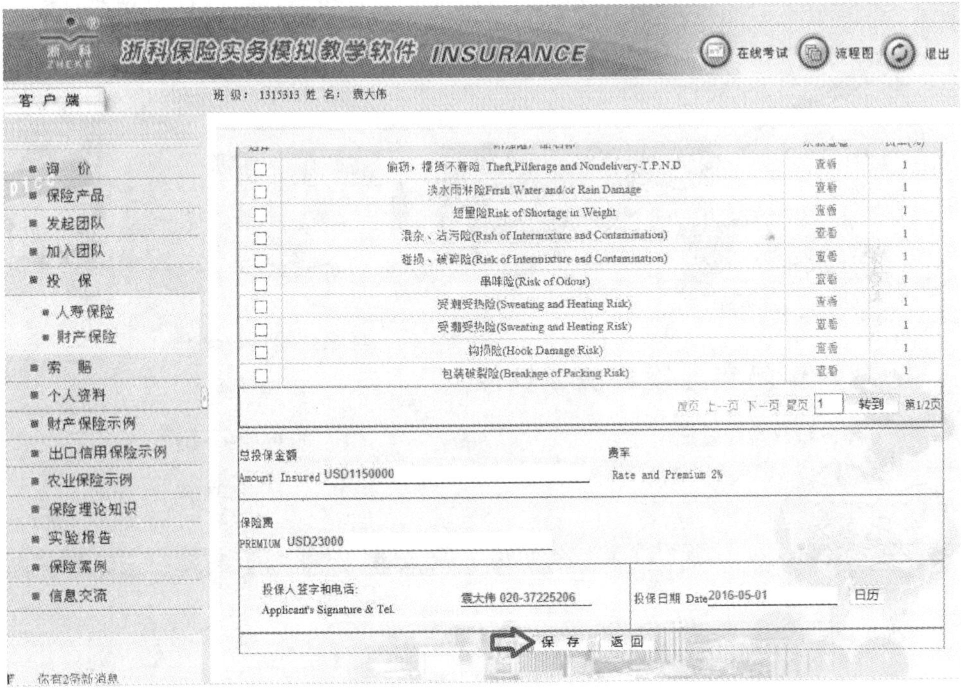

图 1.47 保存

系统显示“货物险添加完毕”字样，如图 1.48 所示。

图 1.48　货物险添加完毕

（二）经纪公司提交投保单

用户名为 rbcxjj，密码为 000000，点击【登录】按钮，如图 1.49 所示。

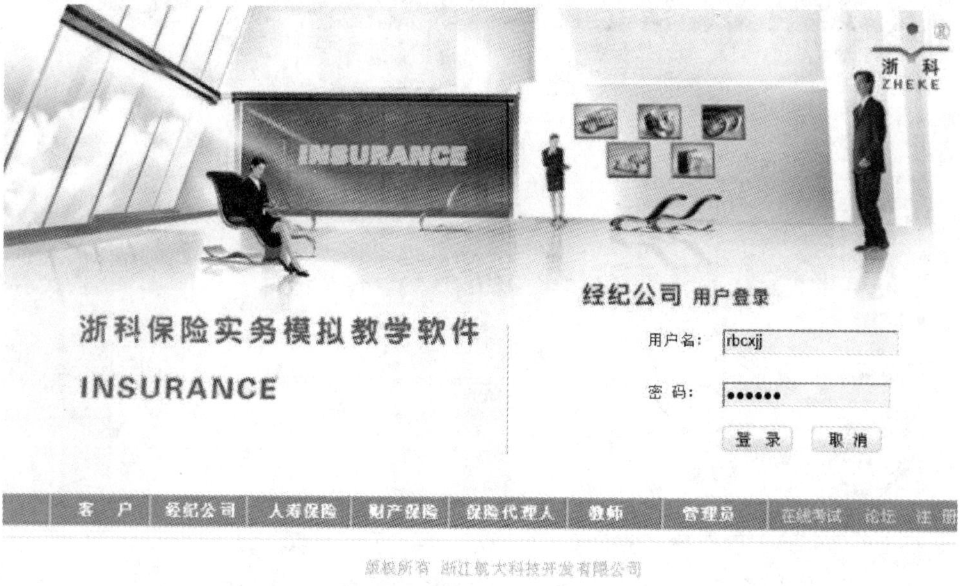

图 1.49　登录

进入“长城保险经纪公司”界面，找到“保单状态”选项，在“保单状态”选项，点击【未填写完成】按钮，如图 1.50 所示。

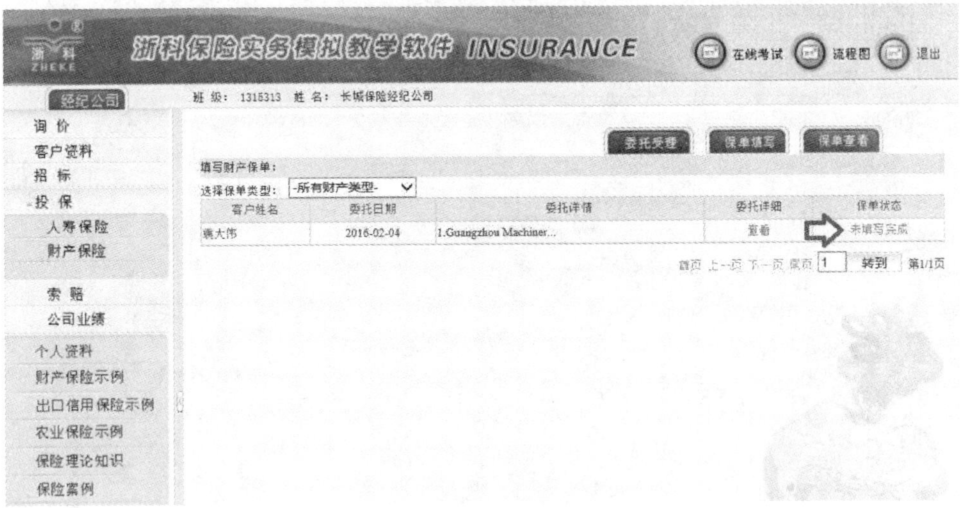

图 1.50　未填写完成

上下翻动滚动条，检查客户填写的投保单，发现错误，及时修改；没有错误，就可以直接提交，如图 1.51 所示。

图 1.51　提交

第一部分 海上保险实训

系统显示“提交成功”字样，如图 1. 52 所示。

图 1. 52 **提交成功**

（三）客户签字、缴费

打开客户端，输入用户名为 131531360，密码为 000000，如图 1. 53 所示。

图 1. 53 **登录**

进入“袁大伟”客户界面：在“选择保单类型”下拉菜单中选择“运输货物险”选项，点击【签字】按钮，如图 1. 54 所示。

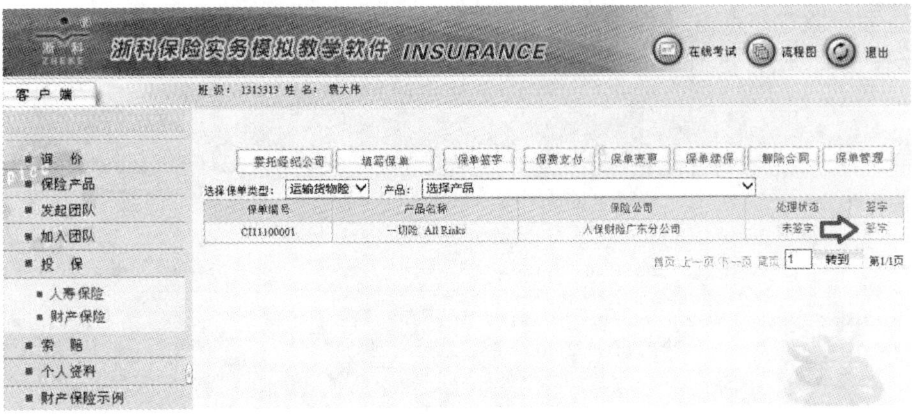

图 1.54　签字

出现如图 1.55 所示界面，点击【签字】按钮。

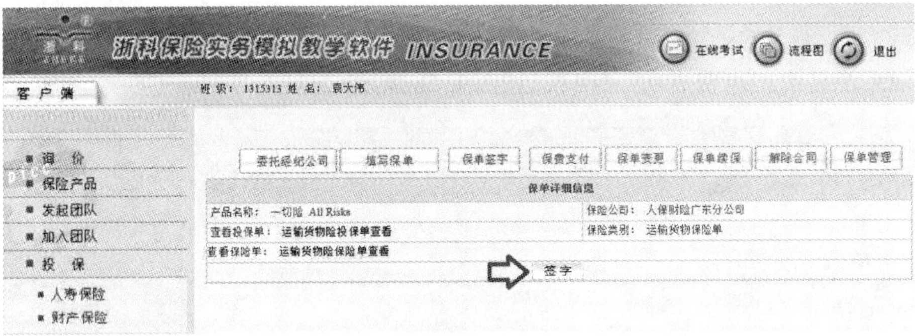

图 1.55　签字

系统显示"签字成功"字样，如图 1.56 所示。

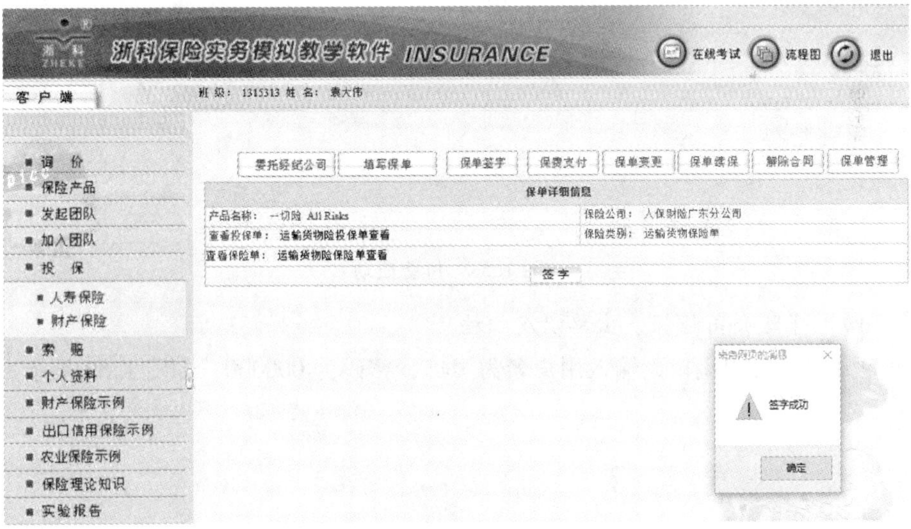

图 1.56　签字成功

客户缴费：点击【保费支付】按钮，在“选择保单类型”下拉菜单中选择“运输货物险”，找到“处理状态”，点击【付费】按钮，如图 1.57 所示。

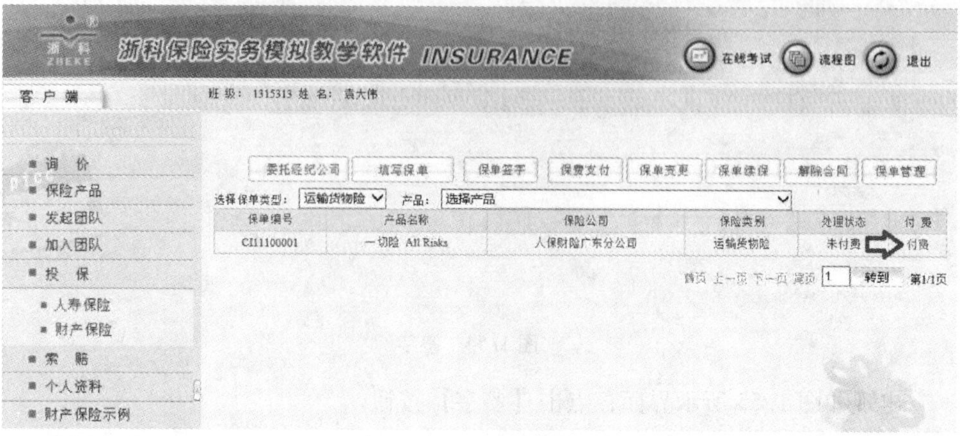

图 1.57 付费

系统显示“付费成功”字样，如图 1.58 所示。

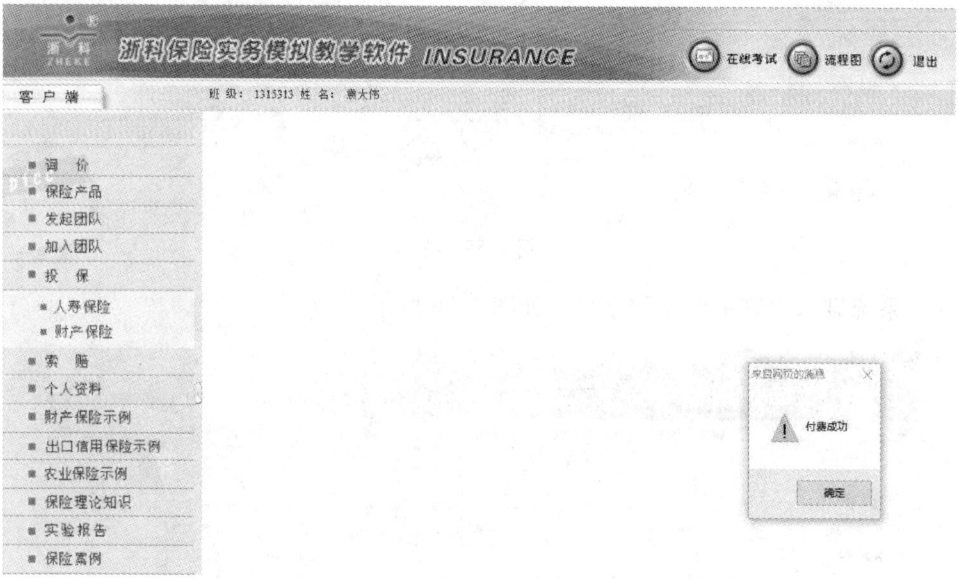

图 1.58 付费成功

（四）保险公司核保、出单以及归档

打开财险公司端口，输入用户名为 rbcx，密码为 000000，如图 1.59 所示。

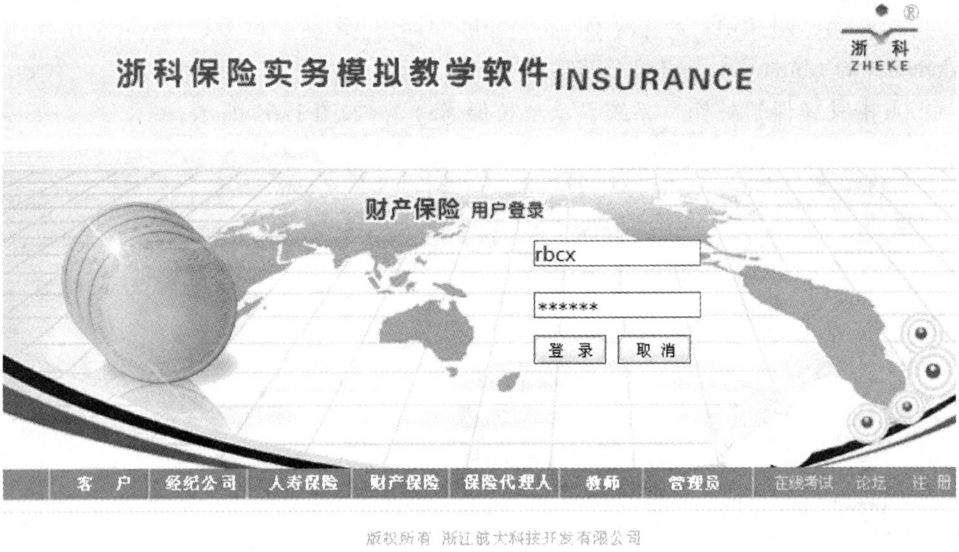

图 1.59　登录

上下翻动滚动条，查看客户填写的投保单，核保没有发现问题后，就可以输入核保说明如下：

After we have checked all the items in the proposal form, we agree to accept the offer and cover the risks of this cargo and issue the insurance policy.

同时，在下拉菜单中选择“核保通过”，如图 1.60 所示。

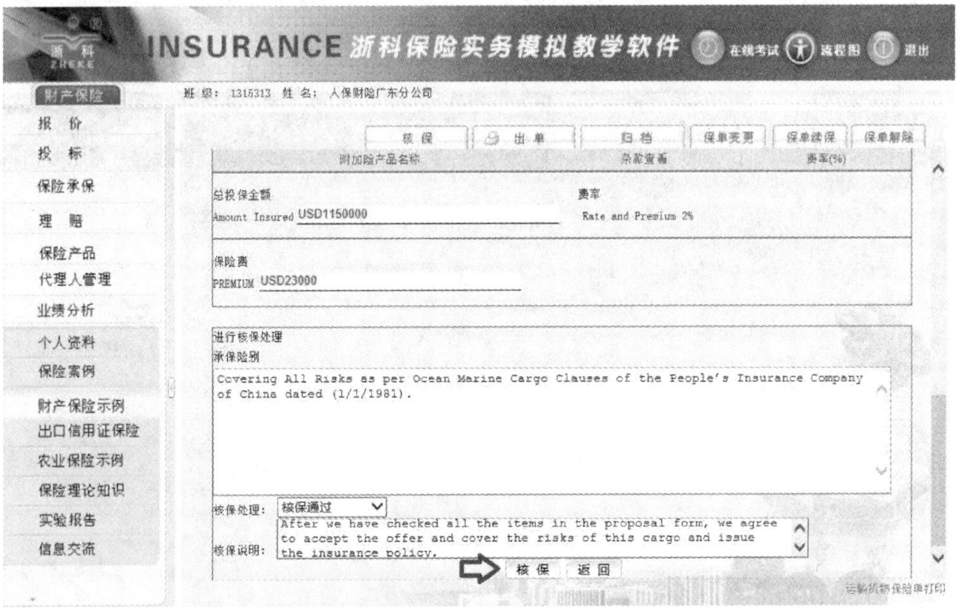

图 1.60　核保

在“承保险别”中输入英文条款如下：

Covering All Risks as per Ocean Marine Cargo Clauses of the People’s Insurance Company of China dated (1/1/1981).

点击【核保】按钮，系统显示“核保通过”，如图 1.61 所示。

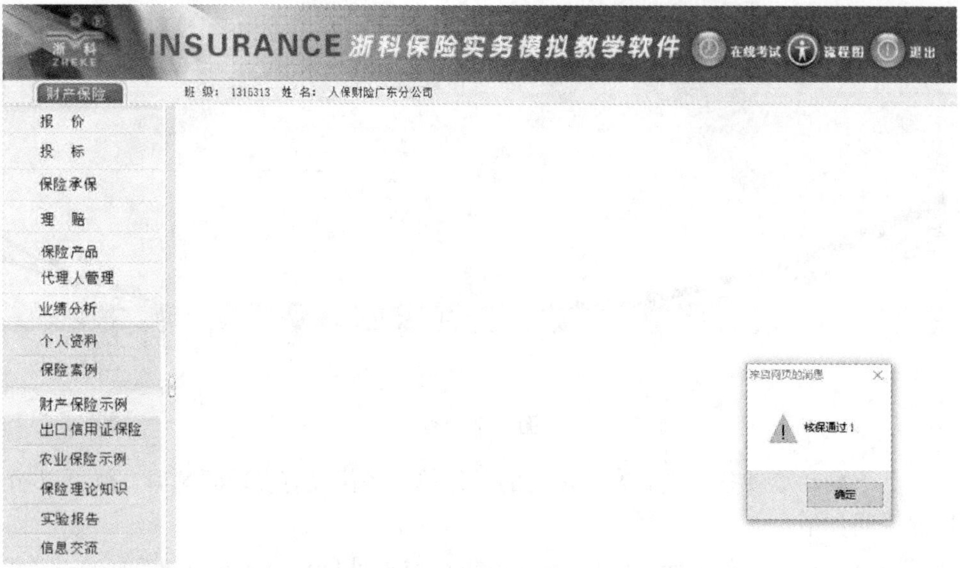

图 1.61 核保通过

保险公司出单：在“选择保单类型”下拉菜单中选择“运输货物险”。“出单状态”显示“未出单”，点击【出单处理】按钮，如图 1.62 所示。

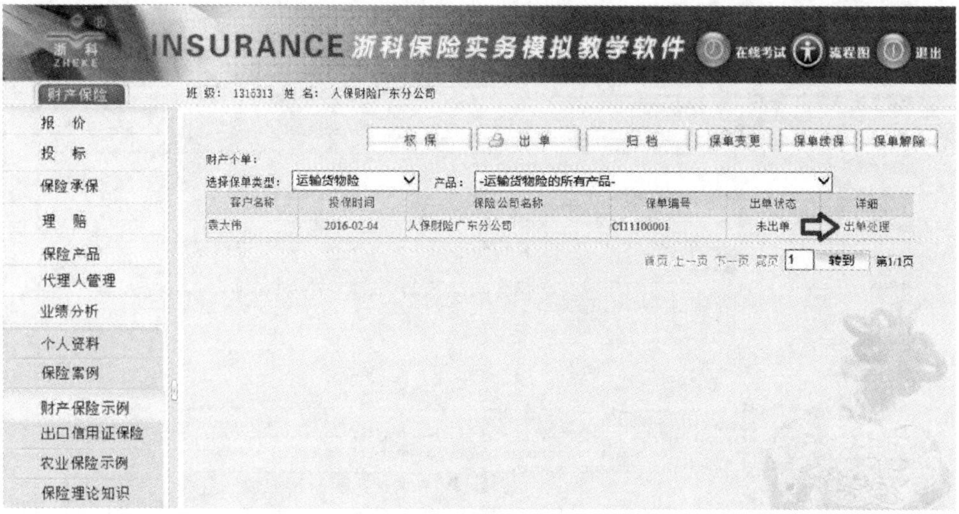

图 1.62 出单处理

用鼠标上下滚动右边移动条，找到“出单”，然后点击【出单】按钮，如图 1.63 所示。

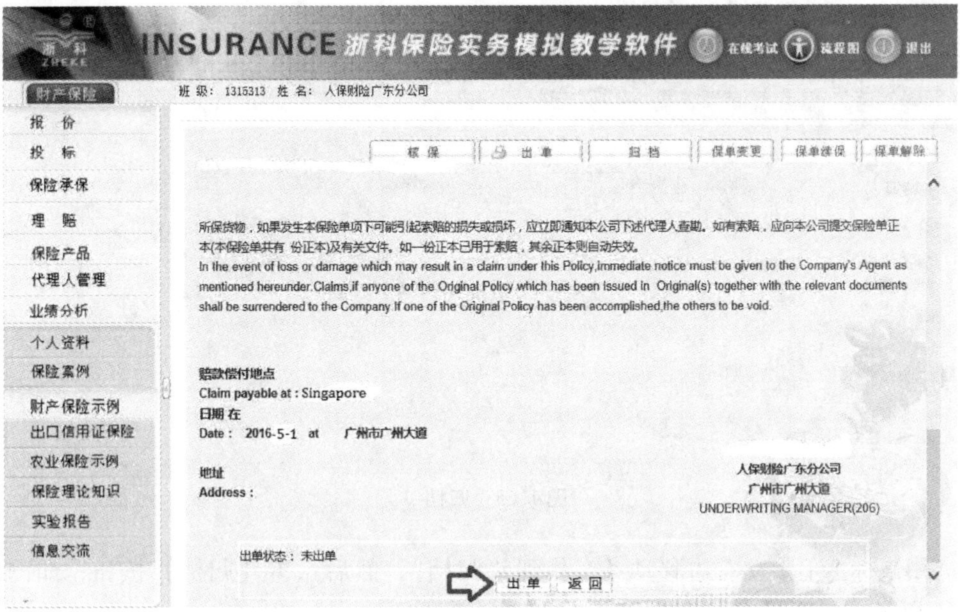

图 1.63 出单

系统显示“出单成功”字样，如图 1.64 所示。

图 1.64 出单成功

保险公司归档：在“选择保单类型”下拉菜单中选择“运输货物险”，点击【归档】按钮，如图 1.65 所示。

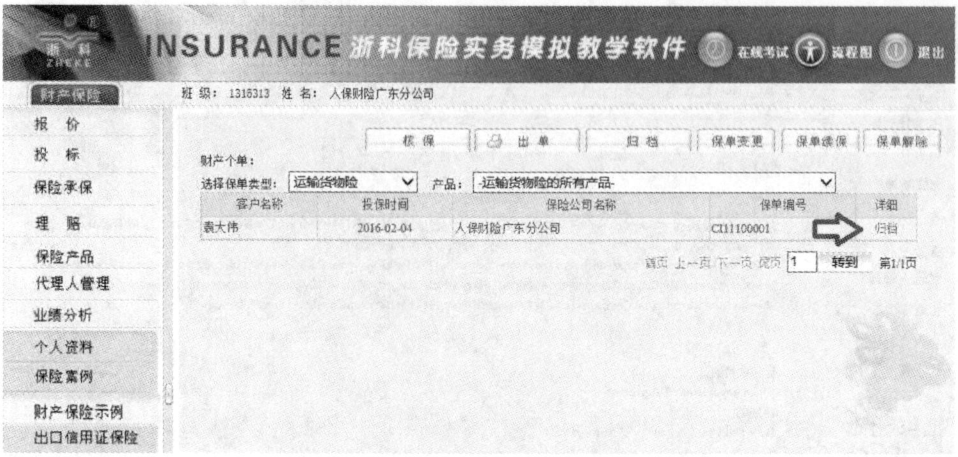

图 1.65 归档

用鼠标上下滚动右边移动条，找到“归档”，然后点击【归档】按钮，如图 1.66 所示。

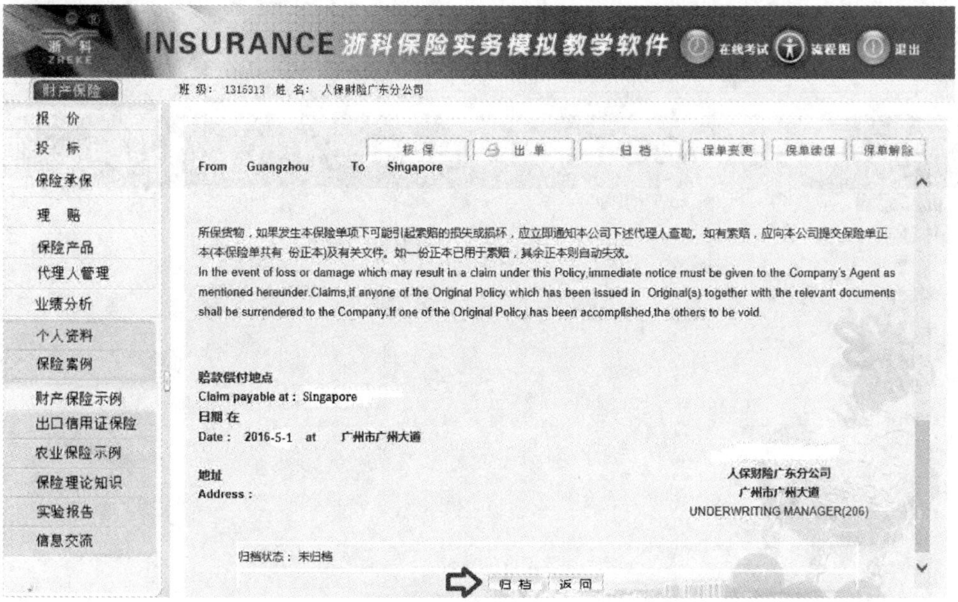

图 1.66 归档

系统显示“归档成功”字样，如图 1.67 所示。

图 1.67 归档成功

保险公司打印保单：电子保单归档之后，用鼠标上下滚动右边移动条，找到“货物运输险保单打印”，然后点击【货物运输险保单打印】按钮，显示如图 1.68 所示界面。

关闭 打印

人保财险广东分公司

发票号码
Invoice No. B/L GZ-S6564568

保险单号次
Policy No. "CI11100001"

海洋货物运输保险单
MARINE CARGO TRANSPORTATION INSURANCE POLICY

被保险人：
Insured： Guangzhou Machinery Import & Export Corporation

中国人民保险公司(以下简称本公司)根据被保险人的要求，及其所缴付约定的保险费，按照本保险单承保险别和背面所载条款与下列特别条款承保下述货物运输保险，特签发本保险单。

This policy of Insurance witnesses that The People's Insurance Company of China(hereinafter called "The Company").atthe request of the Insured and in consideration of the agreed premium paid by the insured.undertakes to insure the undermentioned goods in transportation subject to the conditions of this policy as per the Clauses printed overleaf and other special clauses attached hereon.

保险货物项目 Description of Goods	包装 单位 数量 Packing Unit Quantity	保险金额 Amount Insured
2.5 P Glee Air Conditioner	3000 sets	USD1150000

承保险别
Conditions

货物标记
Marks of Goods

Covering All Risks as per Ocean Marine Cargo Clauses of the People's Insurance Company of China dated (1/1/1981).

总保险金额
Total Amount Insured： $ One Million One Hundred Fifty Thousand And Only

保费 装载运输工具 开航日期
Premium $ USD23000 Per conveyance S.S. Blue Bird V.678 Sig.on or abt 2016-5-2

起运港 目的港
From Guangzhou To Singapore

图 1.68 货物运输保险单打印

点击图 1. 68 右上角【打印】按钮，显示“海洋货物运输保险单”效果图，如图 1. 69 所示。

人 保 财 险 广 东 分 公 司

发票号码
Invoice No. B/L GZ-S6564568

保险单号次
Policy No.
CI11100001

海 洋 货 物 运 输 保 险 单
MARINE CARGO TRANSPORTATION INSURANCE POLICY

被保险人：
Insured： Guangzhou Machinery Import & Export Corporation

中国人民保险公司(以下简称本公司)根据被保险人的要求，及其所缴付约定的保险费，按照本保险单承保险别和背面所载条款与下列特别条款承保下述货物运输保险，特签发本保险单。

This policy of Insurance witnesses that The People's Insurance Company of China(hereinafter called "The Company").atthe request of the Insured and in consideration of the agreed premium paid by the insured.undertakes to insure the undermentioned goods in transportation subject to the conditions of this policy as per the Clauses printed overleaf and other special clauses attached hereon.

保险货物项目 Description of Goods	包装 单位 数量 Packing Unit Quantity	保险金额 Amount Insured
2.5 P Glee Air Conditioner	3000 sets	USD1150000

承 保 险 别
Conditions

货 物 标 记
Marks of Goods

Covering All Risks as per Ocean Marine Cargo Clauses of the People' s Insuran ce Company of China dated (1/1/1981).

总保险金额
Total Amount Insured： $ One Million One Hundred Fifty Thousand And Only

保费 装载运输工具 开航日期
Premium $ USD23000 Per conveyance S.S. Blue Bird V.678 Slg.on or abt 2016-5-2

起运港 目的港
From Guangzhou To Singapore

所保货物，如果发生本保险单项下可能引起索赔的损失或损坏，应立即通知本公司下述代理人查勘。如有索赔，应向本公司提交保险单正本(本保险单共有 份正本)及有关文件。如一份正本已用于索赔，其余正本则自动失效。

In the event of loss or damage which may result in a claim under this Policy,immediate notice must be given to the Company's Agent as mentioned hereunder.Claims,if anyone of the Original Policy which has been issued in Original(s) together with the relevant documents shall be surrendered to the Company.If one of the Original Policy has been accomplished,the others to be void.

赔款偿付地点
Claim payable at：Singapore

日期 在
Date：2016-5-1 at 广州市广州大道

地址
Address：

人保财险广东分公司
广州市广州大道
UNDERWRITING MANAGER(206)

图 1. 69 海洋货物运输保险单

五、验证查看

(一) 教师查看学生作业

进入教师端用户登录界面，输入用户名、密码，如图 1.70 所示。

图 1.70 教师端用户登录

点击左边“保单查看”选项，如图 1.71 所示。

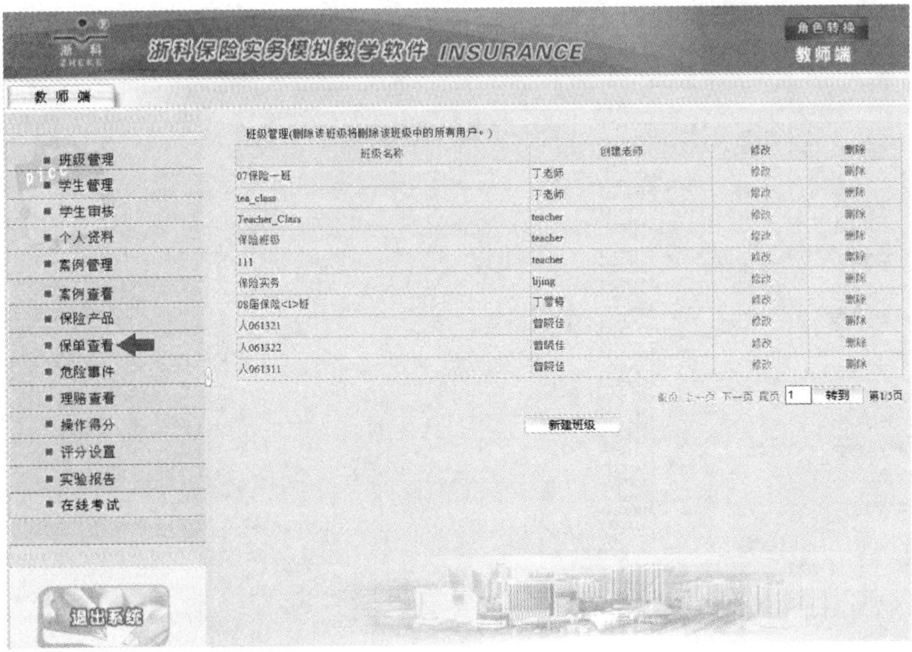

图 1.71 保单查看

打开下拉菜单，找到要查看的班级，如图 1.72 所示。

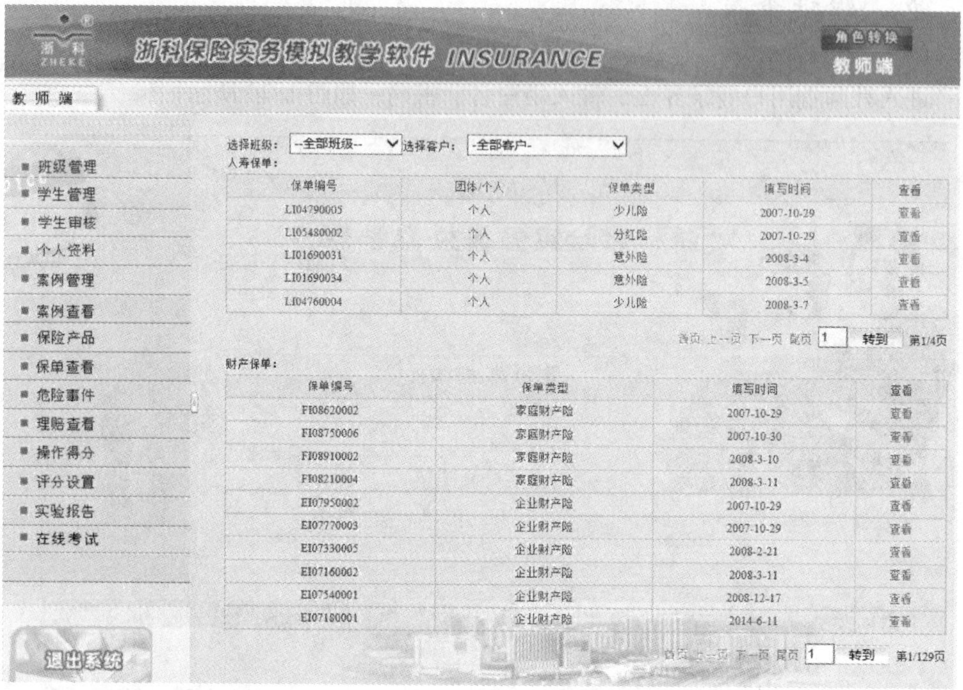

图 1.72　要查看班级

选择要查看的班级下拉菜单，选择 1315311 班，如图 1.73 所示。

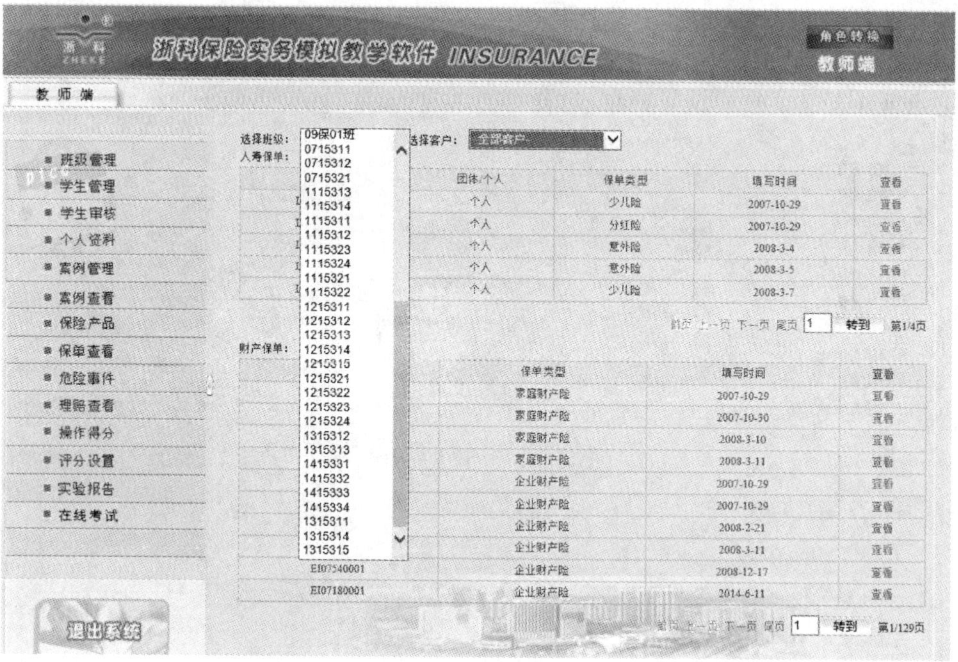

图 1.73　选择班级

选择 1315311 班，可看到全部客户，再打开下拉菜单，如图 1.74 所示。

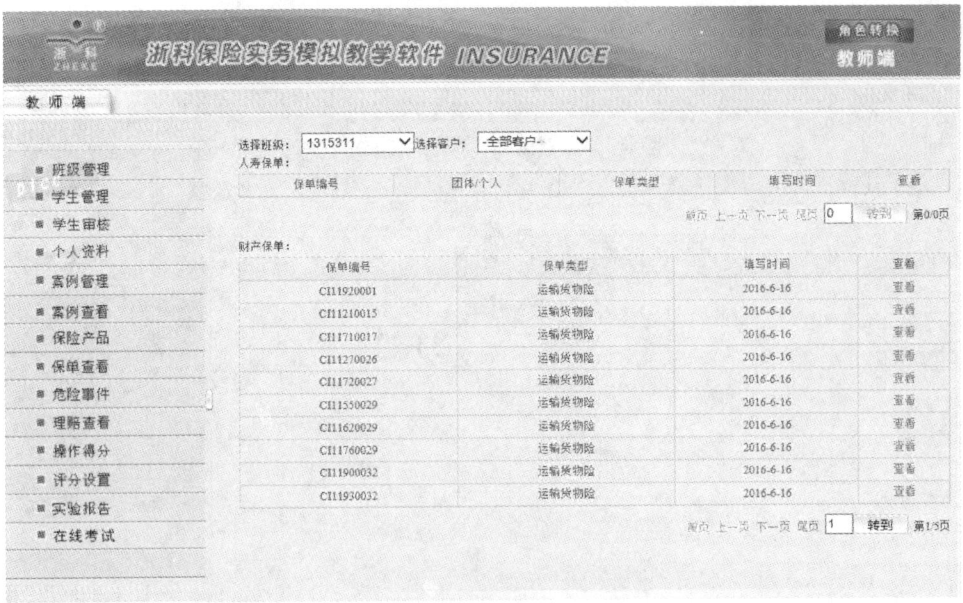

图 1.74　全部客户

打开下拉菜单，出现全部同学的学号排列，比如查看该班学号为 28 号的同学，如图 1.75 所示。

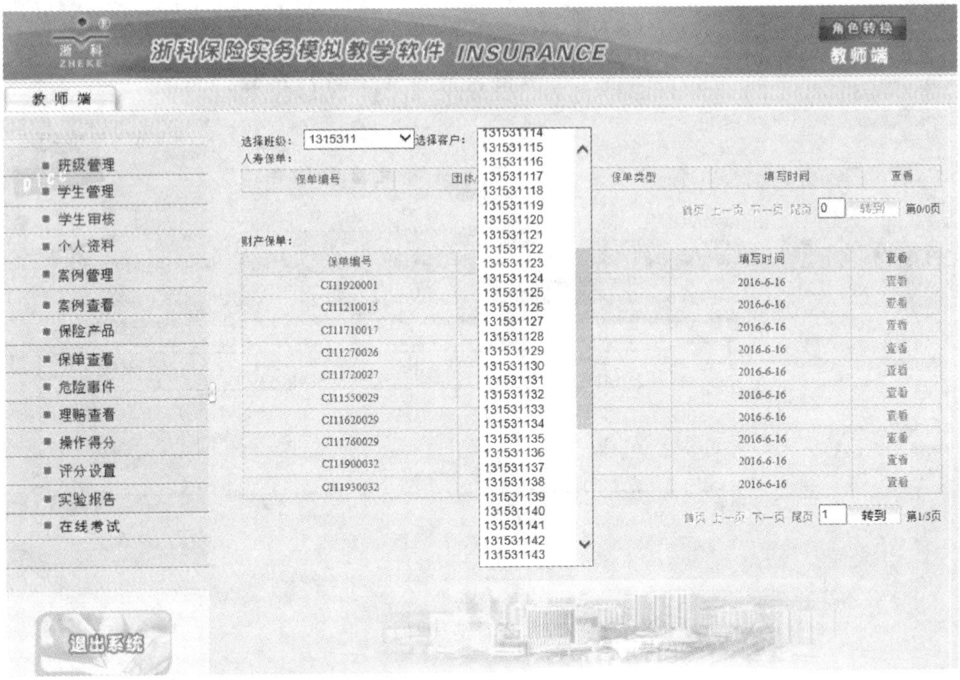

图 1.75　查看 28 号同学

28 号学生出现了，点击【查看】按钮打开，如图 1.76 所示。

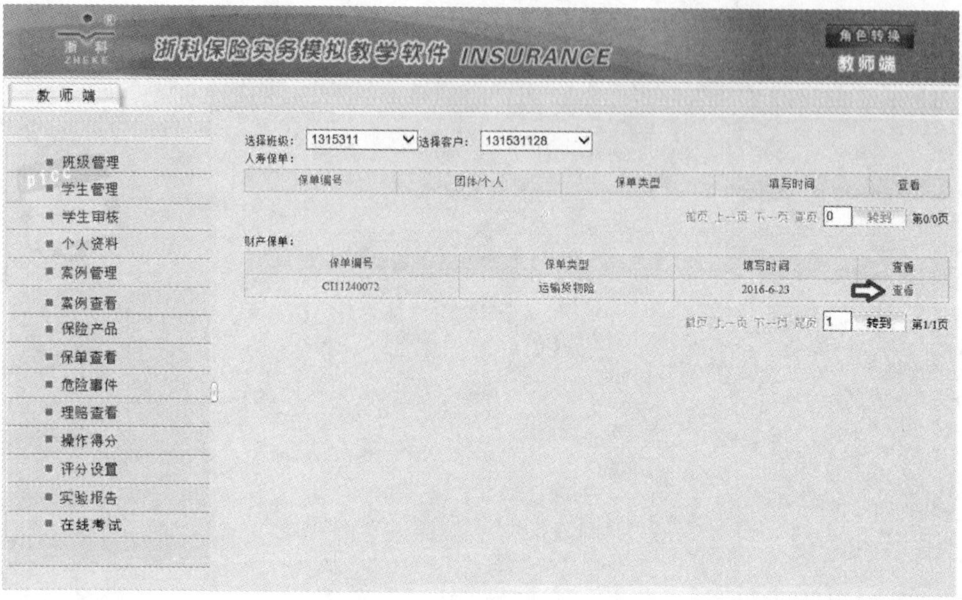

图 1.76　查看 28 号同学

检查这个学生软件操作的内容，并检查是否存在错误，可以据此打分。由于内容较多，只能分三次截图查看，如图 1.77~图 1.79 所示。

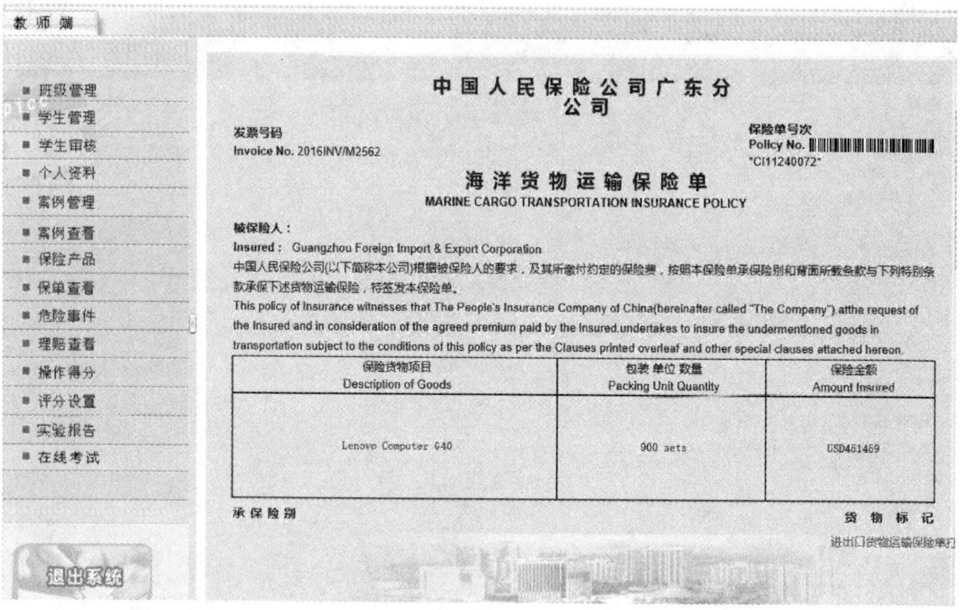

图 1.77　查看结果（1）

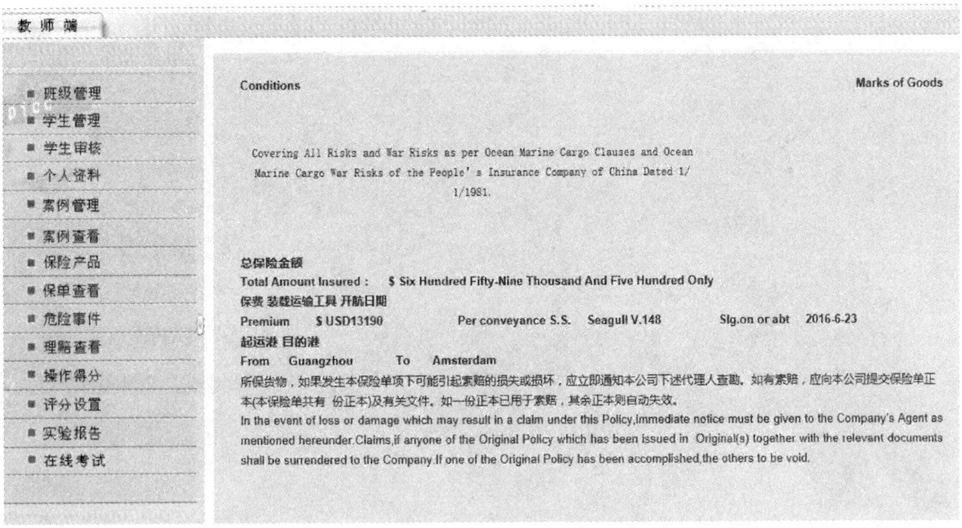

图 1.78 查看结果（2）

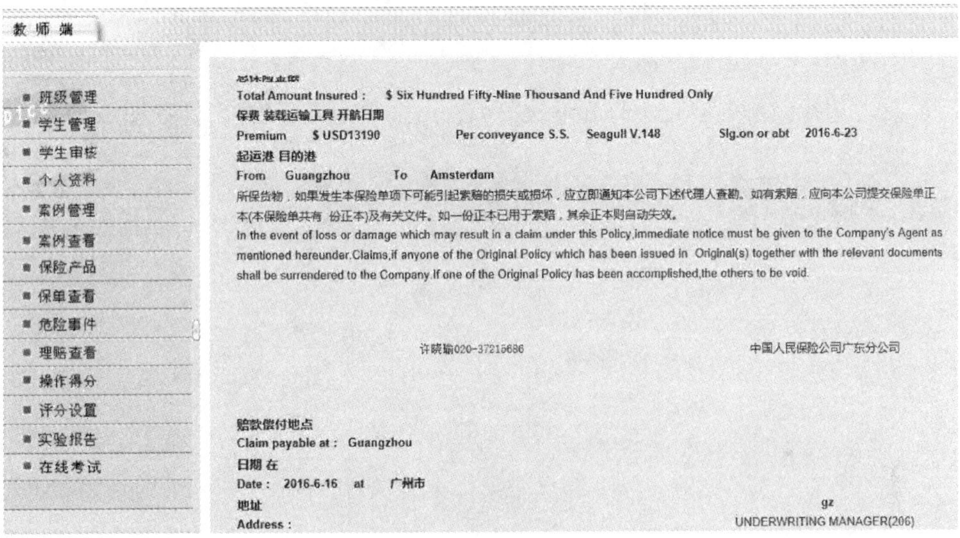

图 1.79 查看结果（3）

（二）学生自行查看

1. 保险单查看

打开客户端，输入用户名和密码，如图 1.80 所示。

图 1.80 客户用户登录

在“选择保单类型”中打开下拉菜单，点击“运输货物险”，如图 1.81 所示。

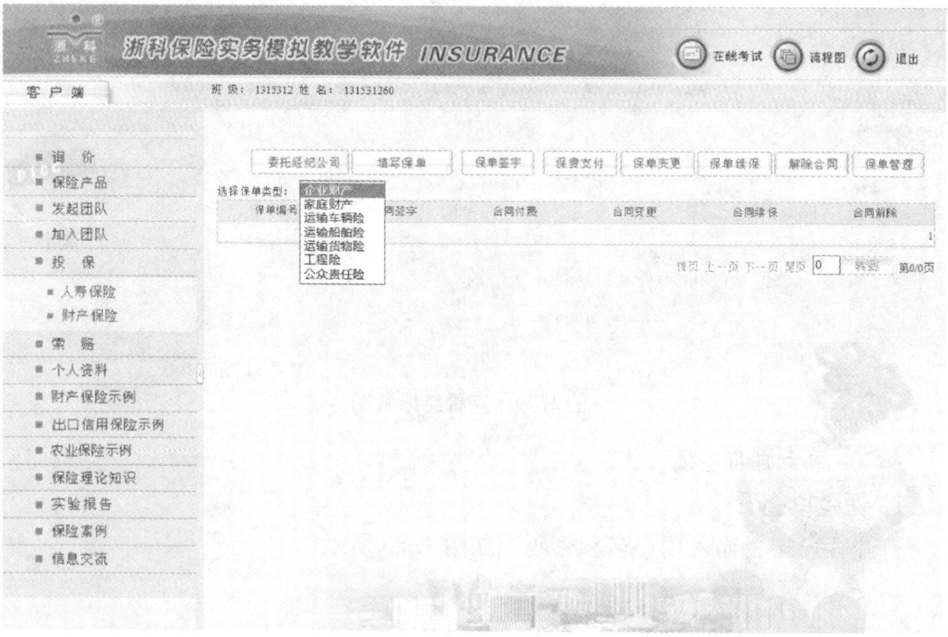

图 1.81 选择“运输货物险”

点击“运输货物险保险单查看”选项，打开页面，如图 1.82 所示。

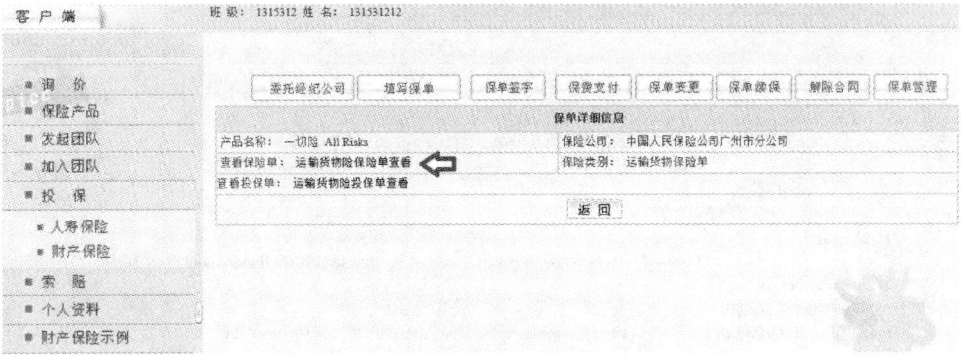

图 1.82　运输货物险保险单查看

界面显示该学生做的保险单，如图 1.83~图 1.85 所示。

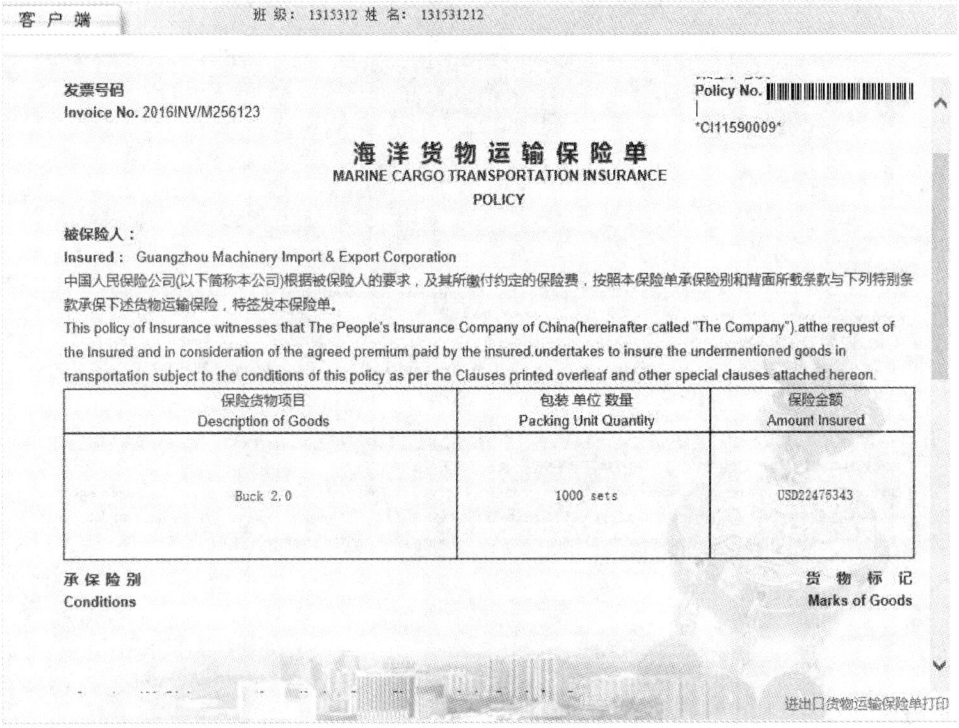

图 1.83　保险单（1）

客户端　　班级：1315312　姓名：131531212

Conditions　　Marks of Goods

Covering All Risks as per Ocean Marine Cargo Clauses of the People's Insurance Company of China dated (1/1/1981).

总保险金额

Twenty-Two Million Four Hundred Seventy-Five Thousand Three HundredAnd Forty-Three

Total Amount Insured :　$ Only

保费 装载运输工具 开航日期

Premium　$ USD449506.9　Per conveyance S.S.　White Cloud V.148　Slg.on or abt　2016-6-23

起运港 目的港

From　Guangzhou　To　Salalah

所保货物，如果发生本保险单项下可能引起索赔的损失或损坏，应立即通知本公司下述代理人查勘。如有索赔，应向本公司提交保险单正本(本保险单共有 份正本)及有关文件。如一份正本已用于索赔，其余正本则自动失效。

In the event of loss or damage which may result in a claim under this Policy,immediate notice must be given to the Company's Agent as mentioned hereunder.Claims,if anyone of the Original Policy which has been issued in Original(s) together with the relevant documents shall be surrendered to the Company.If one of the Original Policy has been accomplished,the others to be void.

进出口货物运输保险单打印

图 1.84　保险单（2）

总保险金额

Twenty-Two Million Four Hundred Seventy-Five Thousand Three HundredAnd Forty-Three

Total Amount Insured :　$ Only

保费 装载运输工具 开航日期

Premium　$ USD449506.9　Per conveyance S.S.　White Cloud V.148　Slg.on or abt　2016-6-23

起运港 目的港

From　Guangzhou　To　Salalah

所保货物，如果发生本保险单项下可能引起索赔的损失或损坏，应立即通知本公司下述代理人查勘。如有索赔，应向本公司提交保险单正本(本保险单共有 份正本)及有关文件。如一份正本已用于索赔，其余正本则自动失效。

In the event of loss or damage which may result in a claim under this Policy,immediate notice must be given to the Company's Agent as mentioned hereunder.Claims,if anyone of the Original Policy which has been issued in Original(s) together with the relevant documents shall be surrendered to the Company.If one of the Original Policy has been accomplished,the others to be void.

赔款偿付地点

Claim payable at :　Guangzhou

日期 在　　rb

Date :　2016-6-16　at　广州市　　中国人民保险公司广州市分公司

地址　　广州市

Address :　　UNDERWRITING MANAGER(206)

返回

进出口货物运输保险单打印

图 1.85　保险单（3）

2. 投保单查看

打开客户端，输入用户名和密码，如图 1.86 所示。

图 1.86　客户用户登录

在“选择保单类型”中打开下拉菜单，点击“运输货物险”，如图 1.87 所示。

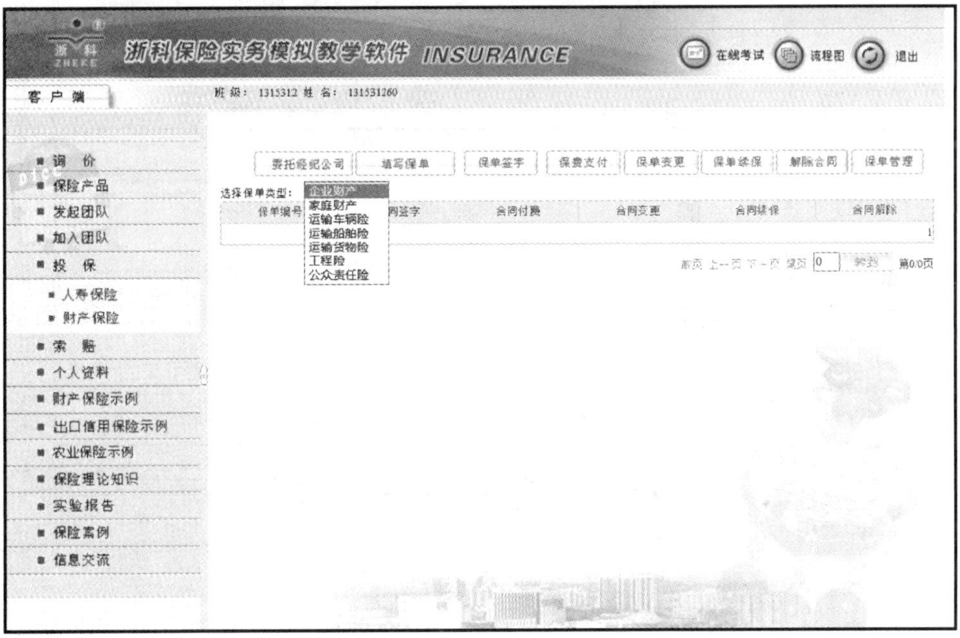

图 1.87　选择“运输货物保险”

点击“运输货物险投保单查看”选项，打开页面，如图 1.88 所示。

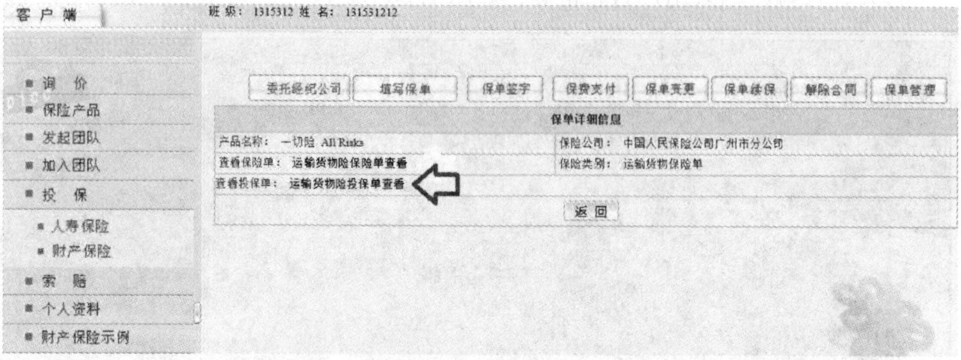

图 1.88　运输货物险投保单查看

打开页面，显示学生填写的投保单内容，鼠标按住右边滚动条，可以上下查看，如图 1.89 所示。

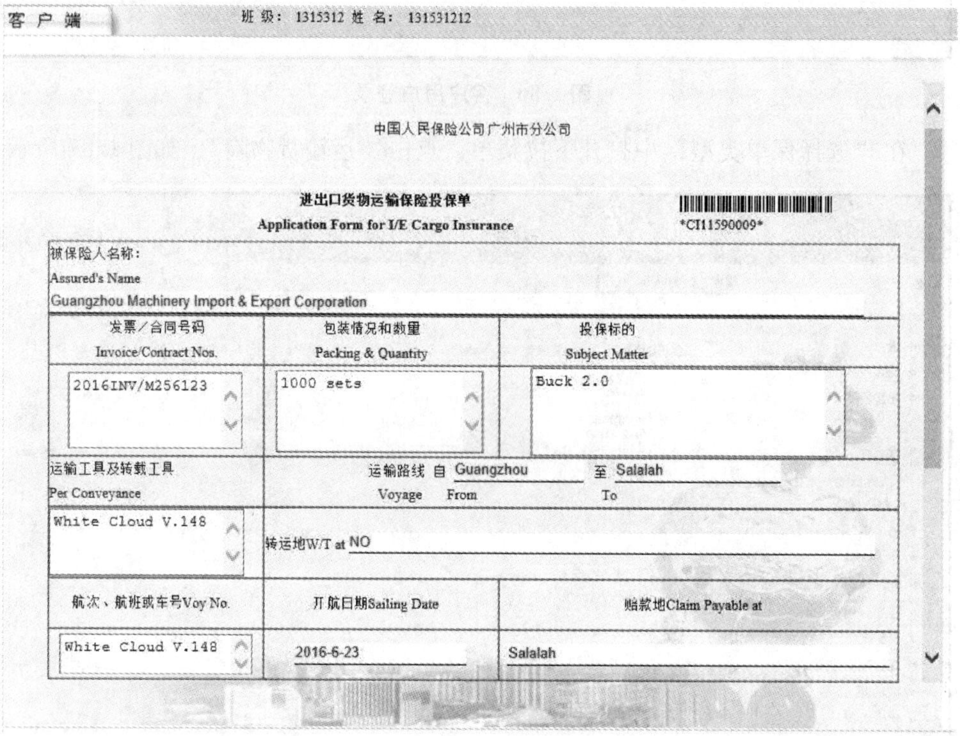

图 1.89　投保单

六、实验报告

（一）分组

实验报告是一个文本文件，学生在软件操作完成后，指导老师把班级分成若干个小组（一般每组为 5 人），选出一个组长，负责写出总体报告。学校实验室制定了一个模板，供学生参考。

打开客户端，输入用户名和密码，如图 1.90 所示。

图 1.90　客户用户登录

点击左边“实验报告”选项，显示“上交实验报告”字样，如图 1.91 所示。

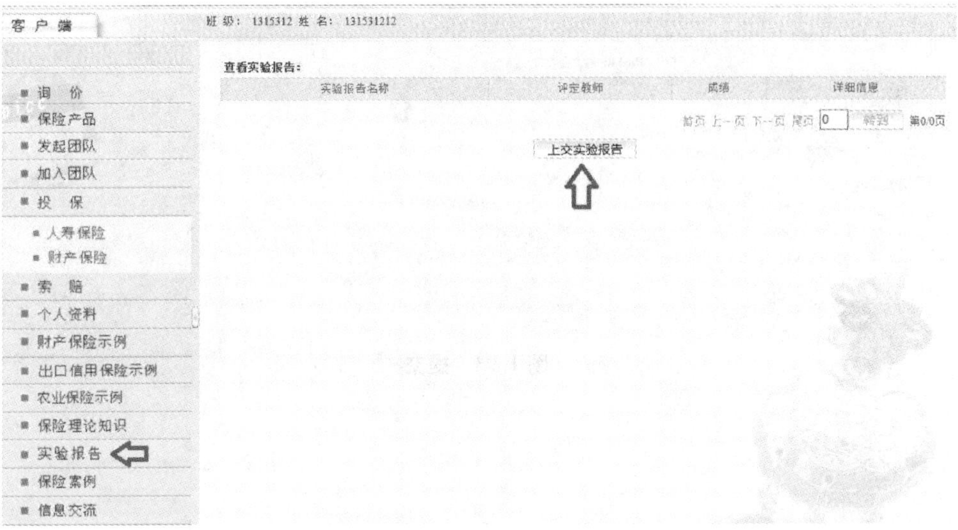

图 1.91　上交实验报告

（二）组长提交

组长组织组员讨论，征求组员的意见与建议之后，开始撰写实验报告。组长把事先准备好的实验报告（Word 文档）保存在电脑中，点击该文档，如图 1.92 所示。

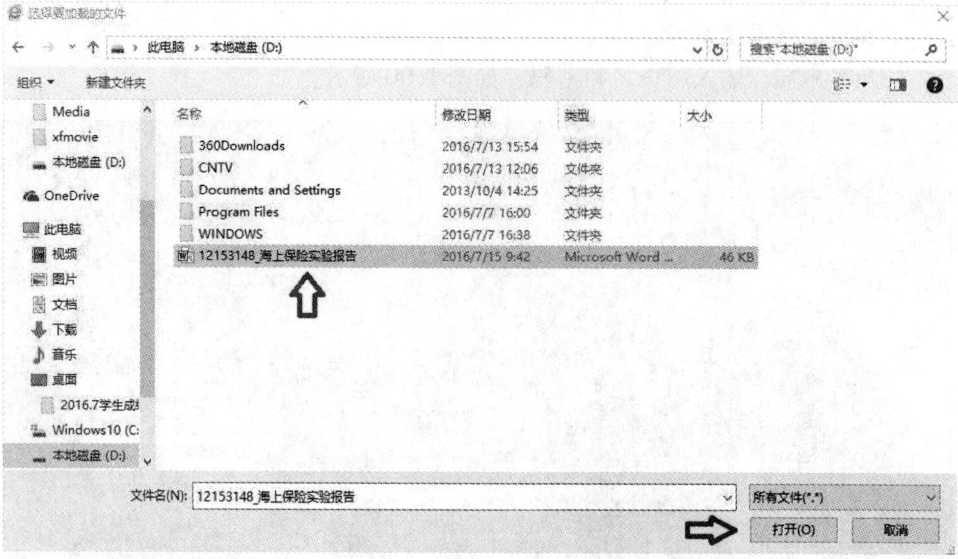

图 1.92　点击实验报告文档

打开实验报告文档之后，点击【提交】按钮，如图 1.93 所示。

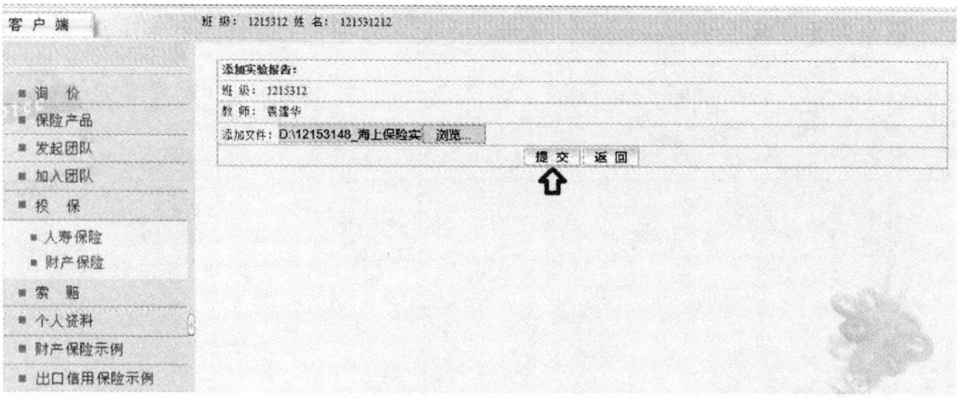

图 1.93　提交

系统显示“实验报告提交成功”字样，如图 1.94 所示。

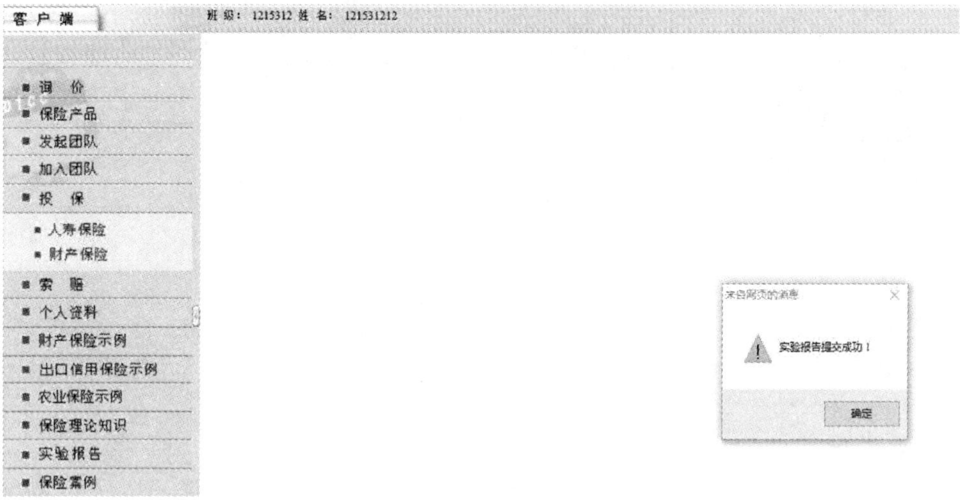

图 1.94　实验报告提交成功

指导老师下载该文档后（见图 1.95）就可以据此打分及完成写评语等工作。

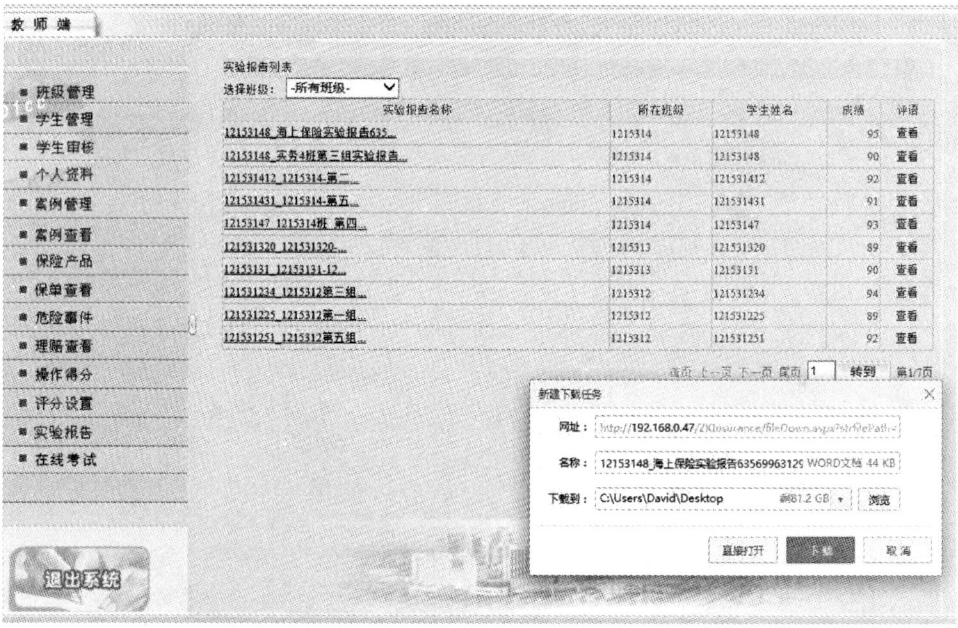

图 1.95　下载

该软件还有一些其他功能，因篇幅有限，这里就不一一介绍了，任课老师可根据实际情况，自行增加或减少实验内容。各个高等院校在实验教学中采购的软件不一样，这里只作为一个参考，并非要求其他学校也使用该软件进行实验与训练。

第二部分

海上保险习题集

第一章 海上保险概述

一、填空题

1. 早期的船舶 __________ 是海上保险（特别是现代海上保险）的理论基础。

2. 按照海上风险的性质不同，海上风险可分为海难和 __________ 两种，海难又分为自然灾害和意外事故。

3. __________是指舱面货物受海浪冲击落海而造成的损失，不包括在恶劣气候情况下，船身晃动而造成货物落海的损失。

4. 海上意外事故是指船舶或其他海上运输工具遭遇 ____________________ 事故。如船舶搁浅、触礁、沉没、互撞、与流冰或其他物体碰撞、船舶失踪以及火灾、爆炸。

5. 触礁与搁浅有时难以区分，因为船舶触礁后不久，如果船长下令继续移动，造成的结果很可能变成搁浅。如果船舶接触水中障碍物以后，仍能继续移动，通常被认为是__________。

6. 火灾与起火或着火不同，起火或着火后烧到一定程度和范围，才构成火灾。船舶经常发生火灾的区域主要分为四大类：__________、供给舱室、居住舱室和甲板储藏舱室。

7. __________是指在外界一定强度的能量作用下，产生剧烈的放热反应，产生高温高压和冲击波，从而引起爆炸。

8. 当船舶遇到海上灾害事故处于紧急情况下，船长为了共同安全，命令将船上一部分货物及其财产、物料等丢入海中，这种行为称为 ____________。

9. 海上保险保障的对象大都是从事国际贸易、远洋运输和海上资源开发的经营主体，其财产无论是运输工具还是货物，都是往返于不同的国家或地区的远距离运输，这种保险的主体和客体的存在形式和运行方式，使海上保险成为一种 __________ 保险。

10. _________ 是目前已知的世界上最早的一部海商法，由地中海罗第安岛附近的古希腊人和腓尼基人制定。该法从公元前 9 世纪开始流传，直到约公元前 2 世纪最后形成。

二、名称解释

1. 海上风险

2. 定值保险

3. 不定值保险

4. 航程保险

5. 定期保险

三、是非判断题

1. 海上风险是指船舶、货物在海上运输过程中可能发生损失的风险，即导致海上货物运输发生损失的不确定性。 ( )

2. 风暴海啸是指由于海底的地壳发生变异或海底的火山喷发而引起海水剧烈地震荡产生巨浪。 ( )

3. 外来风险一般是指海上风险以外的其他外来原因造成的风险。也就是说，外来原因是因外部因素引起的风险。 ( )

4. 保险公司也可以将自己承担下来的这些风险全部地或部分地向其他再保险公司投保，这种方式是风险的保险转移。 ( )

5. 当船舶遇到海上灾害事故处于紧急情况下时，船长为了船员的共同安全，命令将船上货物及其财产、物料等扔到海中，这种行为称为投弃。它可以作为共同

海损中的一种特有的事故。（　）

6. 船长、船员的恶意行为是指船长或船员故意损害船东或租船人利益的行为，或是船员对船长的反抗行为。构成恶意行为的条件必须是船长或船员的行为，船东事先知情，也未纵容、共谋或授意。（　）

7. 海上保险是以海上货物运输有关的财产、利益或责任作为保险标的，海上保险涉及的主要标的物包括船舶、货物、运费及船东责任等。（　）

8. 1347 年 10 月 23 日，世界上已发现的最早的保险单在罗马出现，它承保从热那亚到马乔卡的船舶保障，由商人乔治·勒克维伦承保。（　）

9. 莎士比亚在《威尼斯商人》中就描写了早期的海上保险及其种类。然而，第一家海上保险公司于 1424 年在佛罗伦萨成立。（　）

10. 善于经商的伦巴第人移居到英国，海上保险传入英国。今日伦敦的保险中心伦巴第街道就是因为当时意大利伦巴第商人聚居而得名的。（　）

11. 1886 年，仁和与济和两家保险公司经协议改组成仁济和保险公司，从事财产险和人身险业务。这是中国民族资本创办的第一家保险公司，也是中国海上保险事业由中国人自己开办的保险公司。（　）

12. 为了挽回权益，清政府洋务派首领李鸿章于 1872 年在上海建立了轮船招商局，购进船舶，承接运输业务。（　）

13. 欧洲保险市场以其雄厚的承保能力、优异的承保技术、广泛的信息联系、不断开发新的保险品种及优质的服务在世界保险市场上建立了良好的信誉，成为当之无愧的国际保险和再保险业的中心。（　）

14. 劳合社市场是一个类似交易所的法人组织，由劳合社团体进行统一管理。它起源于爱德华·劳埃德的著名咖啡馆，这家咖啡馆于 1688 年在伦敦开业，并成为伦敦商人做生意和交流信息的聚会场所。（　）

15. 1949 年 10 月 1 日，中华人民共和国政府对旧中国 100 多家保险公司进行了接管和整顿，在此基础上成立了中国人民保险公司。（　）

四、单项选择题

1. 意外事故是指船舶或其他海上运输工具遭遇外来的、突然的、非意料中的事故。下列不属于海上风险中意外事故的是__________。

A. 搁浅　　B. 沉没

C. 暴力盗窃或海盗　　D. 洪水

2. 海上风险包括自然灾害和意外事故，此外还有外来风险。下列不属于外来风险的是__________。

A. 破碎　　B. 锈损

C. 串味　　D. 恶劣气候

3. 船舶在航行或停泊中遭遇意外，使船舶底部与海底河床紧密接触，使之处于静止状态，失去继续航行能力，并造成停航 12 小时以上。这种情况属于__________。

A. 沉没　　B. 搁浅

C. 触礁　　D. 失踪

4. 火灾是指船舶在航海中，因意外起火失去控制，使货物被烧毁、烧焦、烟熏等造成货物的损失。在英国海上保险实务中，保险价值的__________遭受火灾损失，才构成火灾风险。保险公司才对火灾造成的损失给予赔偿。

A. 5%　　B. 3%

C. 2%　　D. 6%

5. 据统计，世界上每天有 5 起海上船舶事故，其中船舶火灾约占船舶事故总数的 11%。在船舶火灾中，船舶机舱火灾占船舶火灾总数的__________以上。因此，预防机舱火灾是重中之重。

A. 65%　　B. 75%

C. 55%　　D. 45%

6. 物理性爆炸是由温度、体积和压力等因素引起的爆炸。船舶锅炉的爆炸是典型的__________，其原因是过热的水迅速蒸发出大量蒸汽，使蒸汽压力不断提高，当压力超过锅炉的极限强度时发生爆炸。

A. 化学性爆炸　　B. 有氧爆炸

C. 无氧爆炸　　D. 物理性爆炸

7. __________是目前已知的世界上最早的一部海商法，由地中海罗第安岛附近的古希腊人和腓尼基人制定。该法从公元前 9 世纪开始流传，直到约公元前 2 世纪最后形成。

A.《罗马法典》　　B.《罗第安法》

C.《伊丽莎白法典》　　D.《汉穆拉比法典》

8. 海上保险是以__________运输有关的财产、利益或责任为保险标的物的一种保险。

A. 海上货物　　B. 陆上货物

C. 海底货物　　D. 航空货物

9. 海上保险财产的价值事先经保险合同关系双方约定，并载明在保险合同之中。这种保险称为__________。

A. 定额保险　　B. 综合保险

C. 预约保险　　D. 定值保险

10. 劳合社是目前世界上唯一允许个人经营保险业务的__________，它与英国另一个由保险公司组成的公司市场并存，构成具有特色的双轨制保险市场。

A. 保险公司　　B. 私人公司

C. 保险市场　　D. 法人公司

11. 辛迪加的事务由承保代理人管理，代表会员办理保险业务，不与保险客户直接打交道，只接受__________提供的保险业务，由其代表客户与承保人接触，为客户安排投保和提供咨询服务。

A. 投保人　　B. 被保险人

C. 经纪人　　D. 保险公司

12. ________是指在航行开始以前，债权人向债务人以支付本金的形式买进船舶或货物。当船舶安全到达目的地时，事前所订立的买卖合同自动解除，债务人将事前接受的贷款加上定金或危险分担费归还债权人。

A. 冒险借贷　　B. 假装买卖

C. 一般借贷　　D. 保险借贷

13. 按照保险期限进行分类，海上保险可分为航程保险、定期保险和混合保险。定期保险适用于________。

A. 船舶保险　　B. 责任保险

C. 运费保险　　D. 货物运输保险

14. 劳合社是一个类似交易所的法人组织，由劳合社团体进行统一管理，它起源于爱德华·劳埃德的著名________。

A. 酒吧　　B. 舞厅

C. 咖啡馆　　D. 剧院

15. ________是指按保险合同规定，保险人只负责指明的港口之间的一次航程，单程、往返程或多次航程为责任起讫。货物运输保险及不定期航行的船舶往往采用这种保险。

A. 定期保险　　B. 船舶保险

C. 航程（次）保险　　D. 混合保险

五、多项选择题

1. 海上保险的保障对象大多是从事国际贸易的经营者，因而成为一种国际性保险。它有许多与众不同的特点，其中包括________。

A. 承保风险的综合性　　B. 保险种类的多样性

C. 保障对象的多变性　　D. 保险关系的国际性

E. 确定责任的复杂性　　F. 保险关系的复杂性

2. 海上保险可以按保险期限进行分类，这种分类包括________。

A. 航程保险　　B. 定期保险

C. 预约保险　　D. 混合保险

3. 我们也可以把海上保险单按承保方式进行分类。这种分类包括________。

A. 逐笔保险　　B. 定期保险

C. 预约保险　　D. 流动保险

4. 火灾与起火或着火不同，起火或着火后烧到一定程度和范围，才构成火灾。船舶经常发生火灾的区域主要分为________。

A. 机械舱室　　B. 供给舱室
C. 居住舱室　　D. 甲板储藏舱室

5. 劳合社的保险业务分以下几个部分：__________。会员把各自的股本交给劳合社委员会，然后组成大小不一的承保辛迪加，每个人在辛迪加中只为自己承担的份额负责，彼此之间不负连带的责任。

A. 会员　　B. 承保代理人
C. 辛迪加　　D. 经纪人
E. 客户　　F. 劳合社社团

6. 货物运输保险可以分为__________以及邮包运输保险等。

A. 海上货物运输保险　　B. 陆上货物运输保险
C. 航空货物运输保险　　D. 天空货物运输保险

7. 截至 2012 年年底，劳合社社团及其成员的总可用资金为 966. 12 亿美元。此外，劳合社 2012 年的保费增长率为 9%，投资收益为 20. 84 亿美元，中央资产为 40. 51 亿美元。按承保地域划分，__________仍是劳合社最主要的市场。

A. 英国　　B. 北美洲
C. 欧洲大陆　　D. 南美洲

8. 自清代末期直到 1949 年中华人民共和国成立前，长期处于__________的旧中国民族保险业与其他民族工商业一样，受到帝国主义和官僚资本主义双重的压迫与剥削，摆脱不了“洋商”的控制和支配。因此，中国的海上保险事业在这漫长岁月中得不到应有的发展。

A. 半封建　　B. 半殖民地
C. 非统一　　D. 非和平

9. 货物运输保险是以各种被运输货物作为保险标的。运输货物的工具包括__________等。此类货物基本上是贸易货物，但也可以是援助物资、展品、私人行李等。

A. 海轮　　B. 火车
C. 汽车　　D. 飞机
E. 气球

10. 租船运费是__________与__________签订租船合同规定的租船费用，亦称船舶租金，是指船东以整个船舶或船舶的部分舱位出租给他人而收取的报酬。

A. 投保人　　B. 被保险人
C. 船东　　D. 承租人

六、思考题

1. 为什么海上保险的承保风险具有多变性？

2. 与海上保险有关的自然灾害包括哪几种？

3. 谈谈发生在我国沿海城市的几种主要海洋灾害，哪些灾难与海上运输有关，哪些灾难与海上运输无关？

4. 为什么意大利是海上保险的发源地？

5. 为什么英国成为现代海上保险发展的中心？

6. 定期保险和航程（次）保险有哪些不同？

七、案例分析题[①]

近年来，鱼粉作为常见的普通货物其自燃引起的事故越来越多，在船舶运输过程中，在港区堆场或收货人仓库的储存过程中都有发生。由于鱼粉的自燃性较强，经常引起火灾，因此被国际货运组织（MCO）定为危险货物。这里介绍一例鱼粉自燃的重大火灾事故。

案情经过：1984 年 11 月 3 日，我国远洋运输公司的 38 000 吨载重量的“柳林海”号货轮从秘鲁装载了 18 300 吨鱼粉，横渡太平洋回国。11 月 27 日 19 时，船员发觉一号舱内鱼粉自燃，第二天六号舱内也开始冒烟。船上人员立即开始灭火救灾，当时船上配备有 100 多只二氧化碳钢瓶，但是全部施放完毕后仍然没有将火扑灭，于是只能采取封舱措施，由于封舱措施得当，这两个舱口的火情得到有效的控制。

12 月 7 日，“柳林海”号驶抵国内某海港。如果作为遇难船舶处理，应当立即组织抢险，边灭火边卸货。港口方面人员上船后开启六号舱观察，没有发现明火，认为没有必要作为遇难船舶处理，于是要求国内收货人按正常程序办理卸货手续，联系接卸运力（火车车皮和市内道路运输车辆）等，然后再安排卸货。“柳林海”

① 危险品事故案例分析［EB/OL］.（2014－06－29）［2018－03－01］. http://www.njliaohua.com/lhd_00e535lb1e6o2vs5ky8e_2.html.

号在锚地抛锚候泊。

由于六号舱的舱盖被打开过，大量空气进入舱内，结果 12 月 11 日该舱第二次发生火灾。船员再次使用二氧化碳灭火没有奏效，只能向港口方面求救。第二天该货轮再度进港，港口方面立即组织人力一边卸货，一边向舱内注水灭火。这两个舱位的鱼粉绝大部分毁损。

请分析事故原因并评议案例。

第二章 海上保险遵循的原则

一、填空题

1. ________ 也是现代商业保险的基本原则，它们最早来源于海上保险，这些基本原则对海上保险的影响最大、最直接。

2. ________ 是保险人承担赔偿责任的量高限额，投保人因保险标的物的受损所获得的经济补偿只能以保险金额为限。

3. 免赔原则是指被保险人有自负额或保险人有免赔额的条件下，如果发生保险事故，要求 ________ 自己首先负担一定金额或比例的损失，然后由保险人负责赔偿剩下的余额。

4. 保险赔偿原则的正确运用能防止 ________ 的发生，保险人的赔偿责任依法律和海上保险合同为准。

5. 到了20世纪初，英国政府进一步完善了海上保险的相关法律，英国政府于1906年颁布了更为完善的 ________，对保险利益做出了明确的界定。

6. Insurable interest is "the legal right to insure arising out of a financial relationship, recognized at law, between the insured and the subject matter of ________."

7.《中华人民共和国保险法》第十二条规定："保险利益是指投保人或者被保险人对保险标的具有的 ________ 承认的利益。"

8. 海上保险承保的运费是指货物经过海上运输所支付的 ________。投保运费保险以签有运输合同为条件，也就是说存在运费的债权和债务关系。

9. "Utmost good faith is a positive duty to voluntarily disclose, actually and fully, all facts ________ to the risk being proposed, whether asked for them or not."

10. ________ 是指在保单中并未载明，却是订约双方在订约时都非常清楚的一些重要保证。

二、名称解释

1. 最大诚信原则

2. 告知

3. 明示保证

4. 默示保证

5. 近因原则

三、是非判断题

1. 在超额保险条件下，由于保险金额超过保险价值，因此当保险标的物发生保险事故时，被保险人遭受的实际损失补偿最大数额为保险价值。（　）

2. 免赔额可分为绝对免赔额和相对免赔额，前者是保险标的物的损失程度超过规定的免赔限度绝对数额时，保险人只对超过限度的那部分损失承担赔偿责任。（　）

3. 保险补偿原则是指当保险事故发生时，被保险人从保险人那里得到的赔偿应填补其因保险事故造成的损失。（　）

4. 在不定值保险条件下，保险标的物发生保险事故导致损失时，如果是足额保险，赔偿金额等于损失金额。（　）

5. 保险人只能在赔偿责任范围内行使追偿权，在追偿中，如果保险人获得的追偿金额（扣除成本后）高于赔偿给被保险人的金额，根据赔偿原则，高出的部分应归保险人所有。（　）

6. 最早以法律的形式规定海上保险必须具备可保利益的法律是 1906 年英国

《海上保险法》。 (　　)

7. 英国政府于1909年颁布《海上保险（反保单欺诈）法》，对没有可保利益的海上保险合同双方当事人进行刑事处罚，由法庭直接裁决，判处不超过一年的监禁。 (　　)

8.《中华人民共和国保险法》第十二条规定："保险利益是指投保人或者被保险人对保险标的具有的法律上承认的利益。" (　　)

9. 海上保险中的可保利益同其他财产保险的可保利益一样，必须是能够用金钱或货币衡量的利益。 (　　)

10. 被保险人在签订保险合同时，将其知道的或推定应该知道的有关保险标的物的重要事实如实向保险人说明称为陈述。 (　　)

11. 可保利益原则又称为"最高诚信原则"，它要求签订保险合同的各方当事人均必须最大限度地按照诚实与信用精神协商签约。 (　　)

12. 默示保证是指在保单中并未载明，却为订约双方在订约时都非常清楚的一些重要保证。 (　　)

13. 投保人故意不履行如实告知义务的，保险人对于保险合同解除前发生的保险事故，不承担赔偿或者给付保险金的责任，但是可以退还保险费。 (　　)

14. 近因并不一定是与发生的损失在时间上最接近的原因。例如，船东为骗取赔偿，故意将船只驶往暗礁区域撞上礁石沉没，假如以时间上最接近的原因来确定近因，就会造成错误的判断。 (　　)

15. 由于风险因素可能引起风险事故，风险事故可能导致损失，因此在海上保险意义上的近因，是在保险标的物发生损失时界定保险责任，从而决定是否理赔的前提和依据。 (　　)

四、单项选择题

1. 保险人只能在赔偿责任范围内行使追偿权，在追偿中，如果保险人获得的追偿金额（扣除成本后）高于赔偿给被保险人的金额，根据赔偿原则，高出的部分应归还__________。

A. 保险人　　B. 被保险人

C. 经纪人　　D. 代理人

2. 最早以法律的形式规定海上保险可保利益的是__________。在这部法律颁布之前，海上保险人通常并不要求被保险人证明他们对投保的船舶或货物拥有所有权或其他合乎法律规定的利益关系。

A. 1764年英国《海上保险法》　　B. 1906年英国《海上保险法》

C. 1746年英国《海上保险法》　　D. 1960年英国《海上保险法》

3. 在英国《海上保险法》颁布之前，对保险标的物没有保险利益的任何人，都可以对保险标的投保险。这种保险称为__________。

A. 赌博保险　　B. 合法保险

C. 自由保险　　D. 不合理保险

4. 英国政府于1909年颁布《海上保险（反保单欺诈）法》，该法进一步规定：没有可保利益的海上保险合同双方当事人应承担刑事责任，并由法庭直接裁决，判处不超过__________的监禁或相应罚款，并没收这种非法保险合同项下所取得的保险金收入。

A. 6个月　　B. 3个月

C. 9个月　　D. 12个月

5. 谁承担货物损失的风险，谁就具有可保利益。比如说，为进口商开立信用证的银行，在__________拒绝付款赎单时，货物的安全对银行就非常重要，货物在运输途中的灭失，可能会使银行面临信用证兑现的风险，因此银行对货物具有可保利益。

A. 出口商　　B. 进口商

C. 海关　　D. 港务局

6. 海上保险货物是指托运人委托承运人运送的各种物品，但不包括船长、船员或旅客的个人物品。船舶的给养和燃料__________。

A. 也属于货物保险的范畴　　B. 不属于货物保险的范畴

C. 也属于承保责任的范畴　　D. 属于投保的范畴

7. 海上保险承保的运费是指货物经过海上运输所支付的报酬。投保运费保险以订有运输合同为条件，运费有三种支付方式。承运人只对__________投保。

A. 预付运费　　B. 一部分预付、一部分到付运费

C. 其中两种运费方式　　D. 到付运费

8. 从事海上保险业务，保险人和被保险人都必须遵循相应的原则，因此和其他财产保险一样，海上保险遵循的基本原则不包括__________原则。

A. 最大诚信　　B. 给付

C. 保险利益　　D. 损失补偿

E. 近因

9. 某货轮被鱼雷击中后，被拖到某港口维修，两天后因狂风巨浪冲打，海水入舱，最后沉没。根据近因原则判断，舰艇损失的近因是__________。

A. 被鱼雷击中　　B. 狂风巨浪冲打

C. 海水入舱　　D. 修补不及时

10. 海上保险中的近因是指造成保险事故__________。

A. 时间上最近　　B. 空间上最近

C. 损失程度最重　　D. 最直接、最接近且起主要作用

11. 最大诚信原则是保险合同双方应遵循的重要原则之一。下列不属于最大诚信原则基本内容的是__________。

A. 告知　　B. 弃权与禁止反言

C. 告诉　　D. 保证

12. 错误陈述可分为无辜性错误陈述、疏忽性错误陈述和欺骗性错误陈述。在英国，如果一个人以欺骗性的手段诱导某人签订一个长期保险合同，按照英国1986年颁布的《误告与金融服务法》的规定，将被处以__________的惩罚。

A. 罚款　　B. 监禁

C. 拘留　　D. 没收非法所得

13. 错误陈述可分为三种：第一种是无辜性错误陈述，第二种是疏忽性错误陈述，第三种是欺骗性错误陈述。其中，性质最轻的是__________。

A. 疏忽性错误陈述　　B. 无辜性错误陈述

C. 欺骗性错误陈述　　D. A 和 C 选项

14. 对于海上保险合同中承保的船舶或货物是否存在、有无瑕疵、出航与否及其他有关保险事项，保险人主要靠__________，据以签订海上保险合同。因此，保险人一般是基于对投保人或被保险人的充分信任来接受投保和承担保险责任的。

A. 投保人的书面或口头陈述　　B. 投保人公证

C. 保险人现场查勘　　D. 代理人检验

15. 由于__________的内容也关系到保险人承保与否，涉及海上保险合同的真实有效，也成为最大诚信原则的一项基本内容。一些国家的法律将其规定为一项独立内容，如1906年英国《海上保险法》第20条将其单独列入，足以说明它的重要性。

A. 声明　　B. 陈述

C. 说明　　D. 告知

五、多项选择题

1. 通过补偿，被保险人的保险标的物在经济上恢复到受损前的状态，但不允许被保险人因损失而获得额外的利益。保险补偿原则包括__________。

A. 以实际损失为限

B. 以被保险人对标的具有保险利益为限

C. 以计算损失为限

D. 以保险金额为限

2. 免赔原则是指被保险人有自负额或保险人有免赔额的条件下，如果发生保险事故，要求被保险人自己首先负担一定金额或比例的损失，然后由保险人负责赔偿剩下的余额。免赔额可分为__________。

A. 绝对免赔额　　B. 广义相对免赔额

C. 狭义相对免赔额　　D. 相对免赔额

3. 国内一些保险教科书认为，最大诚信原则的内容包括__________。而国外的保险教科书认为，最大诚信原则的内容只包括告知、陈述与保证。

A. 告知　　B. 保证

C. 弃权　　D. 禁止反言

4. 保险利益是保险合同的重要原则之一，是判断海上保险合同是否有效的重要依据。海上保险可保利益包括__________。

A. 船舶　　B. 汽车

C. 货物　　D. 相关责任

E. 运费

5. 如果投保人或被保险人谎称发生了保险事故，向保险人提出赔偿或者给付保险金的请求的，保险人有权__________。

A. 解除保险合同　　B. 不退还保险费

C. 退还保险费　　D. 不承担责任

6. 保险补偿原则是指当保险事故发生时，被保险人从保险人那里得到的赔偿应填补其因保险事故造成的损失。保险补偿__________。

A. 以保险金额为限　　B. 以被保险人对标的保险利益为限

C. 以个人利益为限　　D. 以实际损失为限

7. 海上保险可保利益具有许多特点，这些特点概括起来包括以下几项__________。

A. 货币计算的经济利益　　B. 合法的利益

C. 确定的利益　　D. 可以变化的利益

E. 可能的利益

8. 对货物具有可保利益的人是与货物获取有利害关系的人，包括从事进出口贸易的__________、接受进出口货物做抵押而融资给进出口商的银行以及其他承担货物损失风险的人。

A. 进口商　　B. 出口商

C. 代理商　　D. 寄售商

9. 无论保证对风险是否重要，都是一种必须严格遵守的原则。如果被保险人不遵守，除非保险单另有明示规定，从被保险人违反保证之日起，保险人可免除责任，但不妨碍在违反保证之前产生的任何责任。保证可分为__________。

A. 明示保证　　B. 明确保证

C. 默认保证　　D. 默示保证

10. 英国特许保险学会（CII）在1991年编写的《合同法与保险》一书中，把错误陈述分为__________。在英国，如果一个人欺骗性地诱导某人签订一个长期保险合同，按照英国1986年颁布的《误告与金融服务法》规定，其将被处以7年的监禁。

A. 不幸性错误陈述　　B. 疏忽性错误陈述

C. 无辜性错误陈述　　D. 欺骗性错误陈述

六、思考题

1. 简述保险补偿应遵循的原则。

2. 如何区分海上保险中的明示保证默示保证？

3. 谈谈确定近因的几种方法，并比较哪一种方法更好？

4. 被保险人违反告知义务应承担哪些法律责任？

5. 简述海上保险可保利益的特点。

七、案例分析题[①]

德国 MY 公司（卖方）与捷高公司（买方）达成 CIF 买卖合同，货物通过集装箱装运，从德国经海路运至上海，交给买方指定的收货人捷高上海公司。货物运抵上海后，收货人凭提单在港区提货，运至其所在地的某园区内存放。上海新兴技术开发区联合发展有限公司在该园区内为收货人拆箱取货时，货物坠地发生全损。

涉案货物起运前，MY 公司向德国某保险公司（以下简称保险公司）投保，保险公司向 MY 公司签发了海上货物运输保险单，保险单背面载明：被保险人为保险单持有人；保险责任期间“仓至仓”，但未载明到达仓库或货物存放地点的名称。事故发生后，保险公司支付 MY 公司保险赔款 10 万欧元后，取得代位追偿的权益转让书，并向上海新兴技术开发区联合发展有限公司提起海上货物运输保险合同代位求偿之诉。

根据“仓至仓”条款，货物全损是否发生在保险责任期限内？保险公司赔偿给 MY 公司的 10 万欧元是否得当？如果不当，是否可以索回已经支付给被保险人的赔偿款？

① 海上货物运输保险人的代位求偿权能否成立［EB/OL］.（2014－02－26）［2018－03－01］.www.66law.cn//aw5/63476.aspx.

第三章 海上保险合同

一、填空题

1. ____________，是指保险人按照约定的方式和范围，对与海上保险有关的海上损失，向被保险人承诺承担赔偿责任的合同。

2. 1992 年出台的《中华人民共和国海商法》第二百一十六条规定："海上保险合同，是指保险人按照约定，对被保险人遭受保险事故造成保险标的的损失和产生的责任负责赔偿，而由 ________ 支付保险费的合同。"

3. 对于海上保险合同来说，首先由投保人提出订立海上保险合同的要求，这一要求在法律上称为________。

4. 保险合同（含海上保险合同）是 ________，因此合同双方之间的关系，并不一定是义务完全对等，只需双方有对价的特点就可以。

5. 当事人签订保险合同，必须是具有行为能力的 __________ 或法人，能以自己的行为依法参与民事活动，行使民事权利和承担民事义务。

6. 签订海上保险合同必须遵循 ____________，因为诚信对保险合同更为重要。由于保险合同是射幸合同，容易发生被保险人为了图利而故意制造损害的行为，因为保险人在不能掌握每一保险标的物的具体情况之下，只能根据投保人的申报和介绍来决定是否承保。

7. 在海上保险合同中，__________ 是指按照合同约定，收取保险费，承担赔偿责任的一方当事人。

8. 海上保险合同的 ____________ 是指承受保险事故所造成保险标的损失的后果，并有权请求赔偿的一方当事人。

9. ____________ 受保险人委托，在规定的授权范围内，从事接受保险业务，出具暂保单或保险单，代收保险费以及代表保险人查勘出险案件、赔款等，从中收取代理手续费。

10. __________ 是投保人的代理人，受投保人的委托代向保险人办理投保手续、代缴保险费以及提出索赔。经纪人为投保人设计投保方案，其宗旨是以最低的保险费获得最大的保障。

二、名称解释

1. 射幸合同

2. 投保人

3. 保险价值

4. 保险公估人

5. 保险标的

三、是非判断题

1. 受益人是指根据海上保险合同的约定，在保险事故发生时享有赔偿请求权的人。受益人是一方独立的当事人，享有独立的权利。 (　　)

2. 虽然社交活动与一些家庭协议没有法律约束力，但是参加一个朋友婚礼的邀请或接受朋友聚会的邀请能产生一个合同关系，因而产生法律责任。 (　　)

3. 保险合同一经签订，便具有法律效力，并受国家法律的保护，由国家的法制力量保证其实现。因此，保险合同的订立必须合乎法律的规定。 (　　)

4. 在海上保险合同中，作为被保险人，对价表现在其获得了保险人承保风险的“利益”，同时也要付出支付保险费的“损害”。 (　　)

5. 合同是一方提出要约，另一方接受要约，双方达成的一个口头的或书面的约定。也就是说，对要约的一种承诺。 (　　)

6. 在海上保险合同中，作为保险人，“对价”体现在得到了被保险人缴纳的保险费“损害”，同时也付出了承担赔偿责任的“利益”。（　　）

7. 当事人签订保险合同，必须是具有行为能力的自然人或法人，能以自己的行为依法参与民事活动，行使民事权利和承担民事义务。（　　）

8. 合同是一个具有法律约束力的协议。因此，即使双方就某一项目达成了一个协议或意向，可能还不能算是一个合同，因为他们达成的协议没有法律约束力。（　　）

9. 海上保险合同中有直接关系的当事人包括保险人、被保险人、保险代理人、受益人和保险经纪人。（　　）

10. 合同的内容、主体和客体必须具有合法性，遵守公共秩序，尊重社会公德。非法的保险合同或协议，即使双方自愿订立，在法律上也不能认为有效，得不到法律的认可与保障。（　　）

11. 我国目前已成立了许多保险经纪人公司，其中最早的三家是广州长城保险经纪有限公司、北京江泰保险经纪有限公司和上海东方保险经纪有限公司。（　　）

12. 1992年出台的《中华人民共和国海商法》第二百二十条明确规定，保险金额不得超过保险价值；超过保险价值的，超过部分无效。（　　）

13. 在海上保险合同中，如果船舶需要转让而转让船舶保险合同，也不需要征得保险人的同意。（　　）

14. 由于约定的保险事故是一种不确定的事件，它是否发生、何时发生以及发生以后保险标的物遭受损失的程度如何，都带有偶然性。（　　）

15. 海上货物运输保险合同可以由被保险人背书或者以其他方式转让，合同的权利、义务随之转移，不需要征得保险人的同意。（　　）

四、单项选择题

1. 海上保险合同是财产保险合同的一种，是海上运输中的投保人或被保险人按规定向保险人缴纳一定的保险费，保险人对投保人或被保险人遭受保险事故造成保险标的的损失，承担经济补偿的一种具有法律约束力的________。

A. 合同　　B. 协议

C. 契约　　D. 民事行为

2. 海上保险合同的客体是指当事人的权利与义务指向的事物，即通过保险人在海上保险合同中获得保险保障的对象。具体来说，就是________。

A. 被保险的货物　　B. 保险利益

C. 被保险的船舶　　D. A和B选项

3. 有时候，从要约的提出到要约的接受需要较长的一段时间，这是因为海上保险标的的金额较大、内容复杂，投保或承保过程比较复杂，经常需要保险代理人或________参与才能完成。

A. 投保人　　B. 被保险人
C. 保险经纪人　　D. 邀保人

4. 在海上保险合同中，作为__________，“对价”体现在获得保险人风险承保的“利益”，同时也要付出支付保险费的“损害”。

A. 保险人　　B. 代理人
C. 被保险人　　D. 受益人

5. 在海上保险合同中，作为__________，“对价”体现在得到了被保险人缴纳的保险费“利益”，同时也付出了承担赔偿责任的“损害”。

A. 被保险人　　B. 保险人
C. 经纪人　　D. 受益人

6. 合同包括当事人和关系人。海上保险合同的关系人包括__________。

A. 受益人、代理人、经纪人　　B. 投保人、保险人、代理人
C. 被保险人、受益人、代理人　　D. 受益人、被保险人、代理人

7. __________成为有行为能力人的要求是达到法定年龄，比如说年满 18 周岁、大脑清醒、心智健全、能够以自己的行为行使民事权利和承担义务。

A. 自然人　　B. 保险人
C. 经纪人　　D. 代理人

8. 合同包括当事人和关系人。海上保险合同的当事人包括__________。

A. 代理人、经纪人　　B. 投保人、保险人
C. 被保险人、代理人　　D. 受益人、被保险人

9. 海上保险合同与其他保险合同一样，其法律要求基本是一致的。为了使海上保险合同在法律上能够得到执行，必须符合合同的__________基本要素。

A. 六个　　B. 四个
C. 三个　　D. 五个

10. 在我国，法律要求保险合同都采用__________，以确保合同的严肃性。

A. 口头形式　　B. 文字形式
C. 电话确认形式　　D. 书面形式

11. 由于海上货物运输的范围广泛、流动性大，货物在运输途中发生物权转移的事经常出现，因此货物在运输保险合同中的保险利益也随之转移。在转让中，__________征得保险人同意。

A. 必须　　B. 有必要
C. 不需要　　D. 不得不

12. 船舶所有权转移有可能改变船舶的管理状况，从而使不确定风险加大，影响保险人承保风险及其保险费率的确定。对于船舶保险合同的转让，必须经__________同意。

A. 投保险人　　B. 被保险人
C. 经纪人　　D. 保险人

13. 海上保险合同是一种__________，根据这一特点，保险人对大部分保险合同无需履行赔偿义务，只有一小部分合同需要履行赔偿义务。

A. 射幸合同　　B. 保障合同

C. 补偿合同　　D. 最大诚信合同

14. 货物所有权转移不可能改变海上风险的性质，也不能改变货物的管理状况，从而不会影响保险人承保风险及其保险费率的确定。对于货物保险合同的转让，__________。

A. 需要保险人同意　　B. 不需要征求保险人同意

C. 需要经纪人同意　　D. 要征求保险人同意

15. 在海上保险合同中，投保人向保险人缴纳保险费，目的在于通过保险，保障保险标的物的经济利益。保险人以收取保险费为条件，当保险标的物遭受损失时，向被保险人提供保障，这就表明海上保险合同是__________。

A. 射幸合同　　B. 保障性合同

C. 补偿合同　　D. 最大诚信合同

五、多项选择题

1. 海上保险合同与其他保险合同一样，其法律要求基本是一致的。为了使海上保险合同在法律上能够得到执行，必须符合以下基本要求__________。

A. 协议　　B. 建立法律关系的意向

C. 对价　　D. 履行合同的能力

E. 合法的目的　　F. 合同的形式

2. 海上保险合同发生的权利和义务关系有其特殊性，因此海上保险合同除具有一般经济合同的共同属性外，还有以下特性：海上保险合同是__________。

A. 射幸合同　　B. 单务合同

C. 保障合同　　D. 是最大诚信合同

E. 附合性合同

3. 海上保险合同的形式多种多样，经常使用的形式大致可分为__________。

A. 投保单　　B. 暂保单

C. 保险单　　D. 保险凭证

E. 批改　　F. 批单

4. 1992 年出台的《中华人民共和国海商法》第二百一十八条对海上保险合同中保险标的范围做出了规定，保险标的包括__________等。

A. 船舶　　B. 货物

C. 船舶营运收入　　D. 员工的行李

E. 对第三人的责任　　F. 船员工资和其他报酬

G. 货物预期利润

5. 1992 年出台的《中华人民共和国海商法》第二百一十九条确认了保险标的之保险价值的方法：对于船舶的保险价值，是保险责任开始时船舶的价值，包括__________的价值以及淡水的价值和保险费的总和。

A. 船壳　　B. 机器
C. 船坞　　D. 物料
E. 索具　　F. 给养
G. 燃料

6. 1992 年出台的《中华人民共和国海商法》第二百一十九条确认了保险标的之保险价值的方法：对于货物的保险价值，是保险责任开始时货物在__________的总和。

A. 起运地的发票价格　　B. 非贸易商品在起运地的实际价值
C. 运费　　D. 保险费
E. 目的地的发票价格

7. 承诺或接受订约提议，是承诺人对要约人提出的要约表示完全地接受。在海上保险合同订立的过程中，保险人表示同意要约的形式包括保险人签章、向投保人出具__________等单证。

A. 提单　　B. 保险费收据
C. 暂保单　　D. 保险单

8. 合同的解除是指根据法律规定或约定事项使其法律效力丧失。保险合同解除形式有以下几种：__________。

A. 无效而解除　　B. 到期而免除
C. 失效而解除　　D. 终止而解除

9. 海上保险合同无效是指合同订立时或订立后违反法律或约定事项自始至终不产生法律效力。海上保险合同因下列情况无效：因__________无效。

A. 没有保险利益　　B. 风险不再存在
C. 非法活动　　D. 没有保险权益

10. 海上保险合同的终止是指合同成立之后因法定或约定事由发生使其永久消失法律效力的一种行为。海上保险合同终止的方式有以下几种：__________。

A. 自然终止　　B. 提前终止
C. 协议终止　　D. 义务全部履行终止

11. 根据《中华人民共和国保险法》的规定，投保人的义务包括下列几项：__________的义务。

A. 支付保险费　　B. 保险标的危险程度增加的通知
C. 维护保险标的安全　　D. 防止或减少损失

12. 特殊义务是针对保险人支付保险赔偿金这一合同基本义务而言的。在海上保险合同中，保险人除了向被保险人承担保险责任并支付保险赔偿金外，在某些特殊情况下，还要履行某些特殊的义务，包括__________的义务。

A. 支付施救费　　　　　　　　B. 承担必要的诉讼费用
C. 维护保险标的安全　　　　　D. 支付必要的合理费用

六、思考题

1. 当事人履行合同时应具备哪些条件?

2. 为什么说保险合同是射幸合同?

3. 谈谈海上保险合同中代理人的角色。

4. 保险合同解除的形式有几种?

5. 谈谈海上保险合同中经纪人的角色。

6. 货物运输保险合同的转让与船舶保险合同的转让有什么区别?

7. 谈谈你对保险对价的理解。

8. 最大诚信合同对合同双方意味着什么?

七、案例分析题

1. 案例1[①]：一艘装运着一批货物的英国船舶在海上航行，途中由于船上的老鼠把船舶的一条管道咬破了，导致海水从管道的破洞渗了进来，浸湿了管道下货仓内的货物，造成了损失。货主向保险人索赔，保险人拒赔，理由是：货损的近因是鼠害，而不是海水进舱。船上老鼠给货物造成的损害属于承运人管货不当的责任，货主应该向承运人索赔，而不是向货物运输保险单的保险人索赔。最后起诉到法院，一审和二审的结果大相径庭。分析货物损失的近因是什么？

2. 案例2[②]：被保险人独自去森林中打猎。为了猎杀一头熊，他爬上了一棵树，结果不小心从树上摔了下来，摔断了腿。他拖着断腿，爬到树林边的路旁等待救援。由于天色已晚，无人经过，一直等到了第二天清晨才被路过的人发现。由于当时天气已经非常寒冷了，被保险人因此感染了肺炎，数月后不治身亡。保险人认为近因是肺炎，即因疾病导致了死亡，因为被保险人只投保了意外伤害险，疾病死亡是除外的，因而拒绝赔偿。被保险人把保险公司告上了法庭，分析法庭如何裁决？

① 曹繁有，王贺洋. 论海上保险的近因原则［J］. 漳州师范学院学报（哲学社会科学版），2005（4）：26-29.

② 袁颖晖. 从英国保险案例看近因原则的应用［EB/OL］.（2012-10-18）［2018-03-01］. http://finance.sina.com.cn/money/insurance.

3. 案例3[1]：1996年10月，某贸易公司委托一家钢材公司向某五金制品公司出售10 000吨钢材，在交易中卖方使用钢材公司的名义。合同约定货物于1996年1月五金制品公司在远东港口装运，卸货港为中国汕头，货物由买方投保。根据合同规定，五金制品公司向保险公司投保了海运货物平安险，并支付了保险费。保险人签发了保险单。1996年12月30日，买卖合同项下的货物在俄罗斯一港口装货完毕，承运人签发了两套提单。1997年1月8日，承运上述货物的船舶在开往汕头港途中因货舱进水而沉没，货物也因此全损。五金制品公司向保险人提出索赔，保险公司拒绝赔偿，最后五金制品公司起诉保险公司，要求法院裁决，要求判令保险公司赔偿损失以及利息。分析法庭如何裁决？

① 保险的基本原则［EB/OL］.（2013－06－28）［2018－03－01］. https://wenku.baidu.com/view/1f1awc480eb6294dd886c1a.html.

第四章 海上保险损失的界定

一、填空题

1. 可以这样认为，没有风险的存在，就不会有损失的发生；没有损失的发生，________也失去了意义。

2. 全部损失（Total Loss）指的是保险标的物遭受 __________或意外事故，造成保险标的之全部损失。

3. 当保险标的完全灭失，或者损坏程度严重到不再是与原保险标的类似的事物，或者被保险人无可挽回地丧失了该保险标的，构成 ___________。

4. __________是指受损保险标的物被认定为推定全损时，被保险人向保险人提出全部损失的赔偿要求，同时将该保险标的物的所有权转移给保险人的行为。

5. 英国1906年《海上保险法》第六十三条规定：__________ 经确定后，所有保险标的物之剩余部分及其一切所有权利，均让给保险人所有。

6. __________ 是被保险船舶与货物在受损后还没有完全丧失，根据情况，可以修复或可以收回，只是在修复和收回之中，所需费用超过获救后货物的原价值。

7. __________ 可以“化繁为简”，提高赔偿处理效率，使被保险人及时获得补偿。保险人在考虑协议全损时，也要考虑自己的利益，不要凭个人感情而牺牲公司的利益，过多地采用协议全损的方式处理理赔。

8. ___________ 主要是针对货物而言，大部分货物是可以分割的。对于船舶来说，不存在任何可划分的部分，因为无论是绝对全损还是推定全损，都是以一艘船为单位。

9. ___________ 是保险标的物因海上风险或其他意外事故造成局部损失。而这部分损失只与单方利益方有关，并由利益所有人或提高赔偿处理效率承保人负担赔偿。

10. 共同海损指的是载货船舶在运输中遭受海上风险或外来风险危及船与货

的__________，为了挽救船舶与货物，采取合理措施而产生的合理费用和部分保险物的损失。

二、名称解释

1. 协议全损

2. 推定全损

3. 委付

4. 共同海损分摊

5. 救助费用

三、是非判断题

1. 保险标的发生保险事故后灭失，或者受到严重损坏完全失去原有形体、效用，或者不能再归保险人所拥有的，为实际全损。（　　）

2. 被保险船舶失踪达到一定时间，国际上一般为3个月，音讯全无，可视为完全灭失。联合国1985年草拟的《海上船舶保险条款范本》中称之为“假定全损”。（　　）

3. 查明全部损失原因的举证责任在于被保险人或船东，如果查不出造成全部损失的原因，保险人可以拒赔。（　　）

4. 船舶发生保险责任事故后，如果实际全损已经不可避免，或者为避免发生实际全损所需支付的费用没有超过保险价值，被认为推定全损。（　　）

5. 委付是指在发生推定全损的情况下，被保险人将保险标的物的一切权利移交给保险人，然后请求保险人支付该保险标的物的全部保险金额。（　　）

6. 委付通知发出后，被保险人的权利因保险人是否接受而受到影响。保险人对是否接受委付有选择权，但保险人仍按照保险合同的规定承担其应有的责任。（　　）

7. 在危险发生时，为保护共同冒险（同一航程）中处于危险的财产，如果有意而合理地做出牺牲或产生任何特殊或费用，即构成共同海损行为。（　　）

8. 船舶在海上航行中发生火灾是常有的事。为扑灭大火而采取的措施造成的货物损失或船舶损失和运费损失不属于共同海损的范围。（　　）

9. 若发生共同海损损失，根据海商法规定的条件，遭受损失的一方有权从其他利益方得到比例分摊，这种分摊称为共同海损分摊。（　　）

10. 施救费用是保险标的在遭受保险责任范围内的灾害事故时，第三方及其代理人进行施救，在施救、保护和清理过程中产生合理的施救费用。（　　）

11. 共同海损与单独海损均属于部分损失，但从其损失的起因和性质看，两者有本质的区别，应严格根据其损失的起因和性质加以区分，不能混淆。（　　）

12.《劳合社救助契约》是一种标准格式合同。如果救助作业未取得任何效果，被救助人可不支付救助报酬。但是如果被救财产是满载或部分载货的油轮，即使救助未成功，被救助人也要支付合理的费用和不超过该项费用10%的利润。（　　）

13. 除保险单另有规定外，在被保险人已经支付或有责任支付有关保险标的的共同海损分摊时，其可以从保险人处得到相应的赔偿。（　　）

14. 为了统一各国的实际操作，更好地运用共同海损规则，西方各国互相探讨，并在美国的约克（York）和比利时的安特卫普（Antwerp）轮流开会讨论，形成了统一的全球共同海损理算规则，定名为"约克-安特卫普规则"。（　　）

15. 当保险标的遭受共同海损的牺牲后，按照惯例可以先由保险人负责赔偿，然后将其损失列入共同海损理算的总损失额中，向各有关获益方收回这部分共同海损分摊额。（　　）

四、单项选择题

1. 委付是指保险人向被保险人支付赔偿后，由被保险人提出把权利转交给保险人。下列不是委付成立的必要条件是__________。

A. 委付应是就保险标的全部提出要求

B. 委付不得附有条件

C. 委付必须经过被保险人同意

D. 委付必须由被保险人向保险人提出

2. 委付是指保险人向被保险人支付赔偿后，由被保险人提出来的行为。只有在__________的前提下，才有可能出现委付的情况。

A. 实际全损　　　　B. 协议全损

C. 部分全损　　　　D. 推定全损

3. 当__________被委付给保险人时，保险人有权得到被保险人残损标的物的权利和利益。但是保险人通常不准备行使这一权利，因为这意味着保险人承担与船舶相关的一切义务和责任。

A. 船舶　　B. 货物

C. 运费　　D. 货损

4. 共同海损是指当船舶、货物遭遇共同危险时，为了__________，有意地、合理地采取措施造成船舶与货物一部分财产损失的特殊牺牲、支付的特殊费用，由各受益方按比例分摊。

A. 个人财产　　B. 船方利益

C. 货方利益　　D. 公共利益

E. 共同利益

5. __________是指被保险货物遭遇承保灾害事故时，被保险人为避免、减少损失采取各种抢救、防护措施时所支付的合理费用。保险人对施救费用的赔偿金额不得超过保险合同载明的保险金额。

A. 施救费用　　B. 救助费用

C. 分摊费用　　D. 共同海损费用

6. 船舶或货物发生保险责任事故后，为避免或减少损失的进一步扩大，要采取施救措施，发生的施救费用是一种__________。

A. 单独费用　　B. 共同费用

C. 分摊费用　　D. 特别费用

7. 船舶或货物遭受危险，要求请第三方进行救助，所发生的救助费用由__________支付给救助方作为救助报酬。

A. 政府　　B. 保险公司

C. 被救助方　　D. 船主

8. 单独海损损失的分摊原则是__________。

A. 受损方承担　　B. 所有货主共同分摊

C. 由受损方承担一部分　　D. 所有货主共同分摊一部分

9. 船舶在航行或停泊中遭遇意外，使船舶底部与海底河床紧密接触，使船舶处于静止状态，失去继续航行能力，并造成停航 12 小时以上。这种情况属于__________。

A. 沉没　　B. 搁浅

C. 触礁　　D. 失踪

10. 如果共同海损牺牲或费用支出之后，船舶、货物仍然遭受全部损失，正确的处理方法是__________。

A. 视为共同海损　　B. 损失由各方自行承担

C. 平均分担　　D. 平均分摊

11. 在确定共同海损分摊时，要区分哪些属于共同海损分摊，哪些不属于共同海损分摊。下列不属于船舶的共同海损分摊是__________。

A. 船舶甲板中的燃料　　B. 船舶中的救生圈

C. 船舶中储存的零件　　D. 搁浅和机器、锅炉的损失

12. 船舶搁浅、起火或碰撞造成的船舶损坏，货物变质、受损、灭失，或者因船舶、货物的损失影响运费的收入等，都不属于__________的范畴。

A. 共同损失　　B. 共同海损

C. 单独损失　　D. 单独海损

13. 在进行共同海损鉴定时，凡无火烧灼或烟熏痕迹而仅受到水泡的货物，其损失应列为共同海损的范围。对于那些既有火烧灼或烟熏痕迹而又受到水泡的货物，其损失不能视为__________范围。

A. 共同海损　　B. 共同损失

C. 单独损失　　D. 单独海损

14. 船方在目的港交货后才能收取货物运输费。如果发生共同海损事故，货主将按到港货物数量与总货物数量的比例支付__________。

A. 预付运费　　B. 到付运费

C. 非比例运费　　D. 比例运费

15. __________契约是救助人和被救助人在救助前或救助过程中签订的，按实际支出计算报酬的合同。在这种合同下，救助报酬是依据救助人花费的人力、物力和时间来计算的。

A. 雇佣救助　　B. 无效果，无报酬

C. 自行救助　　D. 委托他人

五、多项选择题

1. 实际全损是保险标的物实际上根本不能恢复，或者完全灭失，或者不可避免地要完全灭失。构成实际全损的条件包括__________。

A. 保险标的完全灭失

B. 保险标的已失去原有的使用价值

C. 被保险人对丧失了的保险标的不能恢复所有权

D. 被保险船舶失踪达到 3 个月

E. 被保险船舶失踪达到 6 个月

2. 保险标的在受损之后，虽然没有达到完全灭失的程度，但是其实际全损无法避免。推定全损构成的条件包括__________。

A. 保险标的虽然没有达到完全灭失的状态，但是完全灭失不可避免

B. 修理费、续运到目的地费用超过货物在目的地完好状态的价格

C. 被保险人丧失了对保险标的物的所有权

D. 保险人无条件接受委付

E. 货物修理费和继续运抵目的港的费用之和将超过保险的价值

F. 被保险人必须向保险人办理“委付”手续

3. 单独海损是保险标的物因海事危险或其他意外事故造成局部损失。这部分损失只与单方利益方有关，单独海损主要可以分为__________。

A. 船舶损失　　B. 货物损失
C. 运费损失　　D. 船舱损失

4. 为了正确把握可以划分的全部损失的范围，保险人一般要在保单上对全损做出十分明确的规定。以下几种情况属于可划分的全部损失的范畴__________。

A. 保险单上载有两项以上的保险金额，其中有一项发生全部损失
B. 保险单上载有两项以上的保险金额，两项以上发生全部损失
C. 同一保险单上承保两种以上不同类别的货物，并且不同货物的数量和保险金额分别列出，其中有一类货物发生全部损失
D. 在装货、卸货或转船时，整批货物中有一件或数件货物发生全部损失
E. 使用驳船分批驳运时，装载于同一驳船的货物发生全部损失
F. 保险单已载明若干件货物分别承保，分别承保的若干件货物发生全部损失

5. 部分损失是指保险标的物受损尚未达到全部损失的程度。对于任何损失，不是全部损失，就是部分损失。部分损失可分为__________。

A. 实际全损　　B. 共同海损
C. 推定全损　　D. 单独海损

6. 单独海损又称“特别海损”，它是共同海损的对称。单独海损主要可以分为以下几类__________。

A. 船舶损失　　B. 货物损失
C. 差价损失　　D. 运费损失

7. 共同海损损失是由共同海损行为造成的或其直接后果导致的损失。共同海损损失包括__________。

A. 共同海损牺牲　　B. 货物损失费用
C. 共同海损费用　　D. 运费损失费用

8. 共同海损行为仅限于在海上遭遇海难时，为了共同安全以保存船舶与货物为目的，有意的、合理的行为或发生的任何牺牲或费用。共同海损必须具备以下条件__________。

A. 危险必须是真实的，并危及船舶与货物的共同安全
B. 必须是为了解除船舶和货物的共同危险而采取的故意的、合理的措施
C. 共同海损损失是特殊性质的费用，必须是额外支付的
D. 共同海损的牺牲或支付的费用必须有效果
E. 只要尽力了，没有效果也要分摊

9. 共同海损牺牲和共同海损费用统称为共同海损损失。归纳起来，共同海损损失的内容可划分为__________。

A. 货物的共同海损损失　　B. 船舶的共同海损损失

C. 诉讼费用的共同海损　　　　　D. 费用的共同海损损失

10. 在海上运输途中，船长负有将货物安全运抵目的港的责任和义务。当船舶与货物在遭受到海上危险时，船长才有权处置货物，造成货物的共同海损损失。其有以下几种损失形式__________。

A. 抛弃货物造成的损失　　　　　B. 因扑灭大火造成的损失

C. 火灾直接烧毁的损失　　　　　D. 其他货物损失

11. 为扑灭大火而采取的措施造成的货物损失或船舶损失和运费损失属于共同海损。常见的灭火造成的损失有__________以及装卸费用等。此外，凿洞灭火造成的其他损失也被认为是共同海损。

A. 货物湿损　　　　　B. 船舶损坏

C. 消防费用支出　　　　　D. 火灾后的现场清理费用

12. 根据 1974 年出台的《约克-安特卫普规则》的规定，为共同安全而__________造成的船舶损失、为扑灭船上火灾造成的船舶损失以及因故意搁浅造成的船舶本身的损失等都视为共同海损。

A. 抛弃货物　　　　　B. 开舱

C. 凿舱　　　　　D. 凿洞

E. 抛锚

六、思考题

1. 说明实际全损与推定全损的差别是什么？

2. 谈谈协议全损的利与弊。

3. 单独海损与共同海损有哪些不同？

4. 施救费用与救助费用的不同点是什么？

5. 海上保险委付构成的条件是什么？

6. 如何区分“无效果，无报酬合同”与“雇佣救助合同”？

七、案例分析题

1. 2000 年 4 月 4 日，辽宁省庄河市黑岛镇玉皇山村某渔船在隋圈港内锚泊，当天西南风 6~7 级，能见度很差，满潮，浪高 1.5 米，晚 8 时该船锚缆被风浪打断，经多方努力，终因风大浪高，抢救无效，致使该船被风浪打到岸边礁石上，受损报废。

该船属于木质渔船，功率 22 马力，船龄 5 年，船价为 5 万元，互保金额 4 万元，互保期限为 1999 年 4 月 9 日至 2000 年 4 月 8 日。

事故发生后，船东立即报案并且提交了事故报告，黑岛渔政站、庄河渔港监督分别对事故进行了调查核实，认定事故种类为“浪损”；因该船船主安全意识淡薄，防风措施不当，应承担 40%的责任，并且出具了事故证明书和渔业海上交通事故调查报告书①。

该船的损失属于实际全损还是推定全损？互保协会是否承担赔偿责任？

2. 1998 年 3 月 2 日，个体运输专业户张某将其私有东风牌汽车向某县保险公司投保了足额车辆损失险和第三者责任险，保险金额为 4 万元，保险期为 1 年。

同年 6 月 8 日，该车在途经邻县一险要处时坠入悬崖下一条湍急的河流中，该车驾驶员随车遇难。事故发生后，张某向县保险公司报案索赔。该县保险公司经过现场查勘，认为地形险要，无法打捞，按推定全损处理，当即赔付张某人民币 4 万元。同时声明，车内尸体及善后工作保险公司不负责任，由车主自理。

8 月 10 日，张某看到驾驶员遗体及采购货物的 2 800 元现金均在卡车内，就将残车以 4 000 元的价格转让给邻县的王某。双方约定：由王某负责打捞，车内尸体及现金归张某，残车归王某。

---

① 一起浪涌引起的推定全损案［J］. 中国水产，2001（3）：75.

8 月 20 日，残车被打捞起来，张某和王某均按约行事。保险公司知悉后，认为张某未经保险公司允许，擅自处理实际所有权已转让的残车是违法的，遂成纠纷。

根据推定全损的要件，保险公司能否追回被保险人多得的 4 000 元？

第五章 海上保险的承保

一、填空题

1. 在全球保险市场上，海上保险的投保一般以书面的形式进行。书面形式是指保险公司依据核保实务上需要了解有关承揽风险的主要事项，制定出书面表达格式，这种书面表达格式称为 ________。

2. 商人在投保时需要选择恰当的保险产品，既要考虑能获得所需的经济保障，又要适当节省 ___________ 的支出。

3. ___________ 的运输都是由设有冷藏设备的运输工具承载的，最容易遭受的损失是冷藏机器损坏使冷冻商品化冻变质或腐坏。

4. _________ 的风险主要是破碎。投保人可在平安、水渍险的基础上加保破碎险，以便得到应有的保障。

5. 在国际贸易中，__________ 是由货物本身的成本、运费和保险费三部分组成的。保险由卖方办理还是由买方办理，取决于不同的价格条件。

6. CFR 的意思是 ________，即卖方负责将货物运送到买方指定的口岸，货物价格中包含运费在内，不包含保险费。货物在运输途中的保险由买方办理。

7. FOB 的意思是 __________，即货物装上运载工具为价格条件，卖方负责将货物装到买方指定的运输工具，承担将货物装上运输工具前的费用和风险。

8. 2000 年出台的_____________ 中的 CIF 价格条件对卖方在保险方面的责任和费用规定：根据合同约定自行负担费用取得货物保险，使买方和任何其他对货物拥有保险利益的人有权直接向保险人索赔，并向买方提供保险单或其他保险凭证。

9. 根据三种贸易价格条件得知，以 FOB 价格条件和 CFR 价格条件成交合同，货物的投保均由 __________ 负责办理。

10. 货物的种类及其价值是考虑投保条件的首要因素。如果货物价值较低而又不易受到损毁，如原木、煤炭等；或者价值虽高但不易受损，如重型机械等，就不需要投保________。

二、名称解释

1. 信用证

2. 批单

3. CIF 价格条件

4. 核保

5. 方便旗

三、是非判断题

1. 从目前对投保险种选择的趋势看，对某些价值较高的商品，投保人都倾向于投保一切险，以取得全面保障。从投保人的心理看，这是可以理解的，但是从贸易商核算角度考虑，也要统统投保一切险。 (　　)

2. 海上运输货物的投保是指投保人或被保险人向保险公司表示订立保险合同的意向的一种要约行为。 (　　)

3. 海上运输贸易价格条件是国际贸易中构成单价条款的重要组成部分，是在对外报价和签订合同时必然会涉及的内容。贸易价格条件的运用简化交易手续、缩短洽商时间、节省费用开支。 (　　)

4. FOB 价格条件规定，当货物越过船舷或装上船只，风险由买方转移给卖方，买方负责租船订舱、支付运费等。 (　　)

5. “Cost & Freight”（成本加运费），卖方负责将货物运送到买方指定的口岸，

货物价格中包含运费，不包含保险费，货物在运输途中的保险由卖方办理。（ ）

6. CIF 是成本加保险费、运费，卖方将货物装上船只，并支付启运港口直到目的港口的运费和保险费。保险由卖方办理并由其承担保险费用。（ ）

7. 除非信用证另有规定，保险单据必须表明投保的最低金额应为货物的 CIF 价加成 15%。（ ）

8. 除非信用证另有规定，银行将拒绝接受出单的日期迟于运输单据注明的装船或发运或接受监管日期的保险单据。（ ）

9. 信用证规定，保险单据必须在表面上由保险公司或承保人或其代理人或保险经纪人开立并签署。（ ）

10. 保险单上所列内容必须符合信用证上对保险条件的规定，否则将会影响整个进出口贸易的收汇。（ ）

11. 凡是保险公司承保规定的、允许承保条件和内容，在接到批改申请后，保险人可以同意批改。（ ）

12. 申请批改的内容如果涉及保险公司承担的保险责任，如保险金额增加、保险期限延长，批改必须在保险标的无任何损失时或被保险人不知标的有损失时才能同意。（ ）

13. 水泥是一种用于修建公路、铁路、大桥、水库、房屋用的建筑材料，属于化工类。（ ）

14. 一些规模较小的运输公司悬挂外国的方便旗经营货物运输业务，悬挂方便旗的目的是为了方便运输，可以不受任何国家的约束。（ ）

15. 悬挂方便旗的船舶有许多弊端，如船舶技术条件差、安全无保障、海事发生频繁、船员工资低、社会福利方面无保障、船东身份不易确定等，因而海运欺诈常有发生。（ ）

四、单项选择题

1. 1992 年出台的《中华人民共和国海商法》及国际贸易惯例都规定海上运输货物保险金额的确定可在 CIF 价格的基础上加成__________。

A. 10%　　B. 15%

C. 20%　　D. 25%

2. 为了增加国家外汇储备，目前，我国绝大部分从外国进口的货物要求在__________的保险公司投保。

A. 美国　　B. 国外

C. 英国　　D. 国内

3. 在国际贸易商品交往中，常采用的贸易价格条件有三种，“离岸价格”的英文表达是__________。

A. COST, INSURANCE AND FREIGHT

B. FREE ON BOARD

C. COST AND FREIGHT

D. FREE FROM COST AND FREIGHT

4. 在国际贸易商品交往中，常采用的贸易价格条件有三种，其中国际贸易价格条件中最常见的一种是__________价格条件。

A. FOB　　B. FR

C. CIF　　D. FIC

5. “COST AND FREIGHT”的中文意思是“成本加运费”。在这种价格条件下，一般来说，货物运输保险由__________办理。

A. 买方　　B. 卖方

C. 经纪人　　D. 代理人

6. 到岸价格由卖方将货物装上船，货物价格中包含运费和保险费在内。办理保险及保险费的缴纳是由__________办理。

A. 买方　　B. 代理人

C. 经纪人　　D. 卖方

7.《跟单信用证统一惯例》中关于货物保险投保的规定中，__________开立的暂保单将不被接受。

A. 保险公司　　B. 保险代理人

C. 保险经纪人　　D. 保险人

8. 在再保险业务中，保险公司对本身所承担的海上保险业务中每一危险单位负责的限额称为__________。

A. 保险金额　　B. 自留费用

C. 自留额　　D. 保险价值

9. 保险单出具以后，如果内容有变动，要求对保险单进行批改，批单出具后，保险关系双方按照__________承担责任，享受权利。

A. 原保险单　　B. 原投保单

C. 批改后的保险单　　D. 批改后的投保单

10. 批单的内容应与原保险单相联系，批单应记载原保险单的内容和所做的批改。批单经过保险人签发的，具有法律效力，代理人签发的，__________。

A. 具有同等效力　　B. 不具有同等效力

C. 不具有同等约束力　　D. 可作为参考

11. 水泥是用于修路、修桥、修房的建筑材料，属于货物运输规定的__________。

A. 化工类　　B. 矿产类

C. 轻工品类　　D. 土产畜产类

12. 抽纱制品类商品价值比较高，属于货物运输规定的__________。

A. 化工类　　B. 矿产类

C. 纺织品类　　　　D. 土产畜产类

13. 如果买方要求时，卖方应提供由买方负担费用的可以投保的战争、罢工、暴乱和民变险。最低保险金额应包括合同规定的价款另加成__________，并应采用合同中规定的币制。

A. 15%　　　　B. 10%

C. 5%　　　　D. 20%

14. 按照国际商会制定的《跟单信用证统一惯例》中关于货物保险投保的规定执行，即按第三十四条的规定：保险单据必须由保险公司或承保人或__________开立并签署。

A. 代理人　　　　B. 经纪人

C. 委托人　　　　D. 第三人

15. 投保时错误的__________和隐瞒真实情况的，保险公司将按照违反诚信原则、违反保险契约的原则，在发生损失时拒绝赔偿。

A. 声明　　　　B. 申报

C. 诉求　　　　D. 申请

五、多项选择题

1. 保险的承保主要是保险人的称呼。保险的承保是保险工作的一个重要步骤，相对应的还有__________等。

A. 保险的展业　　　　B. 保险的理赔

C. 保险的追偿　　　　D. 保险的核算

E. 保险的管理

2. 实务中，海上保险的承保工作有很多项，其流程包括__________

A. 被保险人的投保　　　　B. 保险人的询问

C. 保险人的风险评估　　　　D. 确定保险金额

E. 厘定费率　　　　F. 签发保险单

3. 核保过程是海上保险承保活动中的关键环节，是保险公司对投保标的物的选择和风险的控制。其主要内容包括__________。

A. 保险标的　　　　B. 被保险人的信誉

C. 运输工具　　　　D. 行程及地区

E. 未来损失率　　　　F. 保险条件

G. 过去的损失率

4. 在签订贸易合同时，必须明确双方成交的价格条件。当价格条件确定为 CIF 价格时，__________。

A. 由卖方办理保险　　　　B. 费用由买方支付

C. 费用由卖方支付　　　　D. 由买方办理保险

E. 费用由经纪人支付

5. 海上保险的承保原则，实际上也是所有保险业务的承保原则。考虑到海上保险的特殊性，保险人与被保险人都应遵循的原则包括__________。

A. 最大诚信原则　　B. 协商一致原则

C. 不得损害社会公共利益原则　　D. 步调一致原则

6. 海上保险的投保实务，一般包括__________，两者的实务处理较为接近，而货物运输保险核保又有自身的特点。

A. 货物运输保险投保实务　　B. 非机动车辆核保实务

C. 船舶保险投保实务　　D. 机动车辆核保实务

7. 货物运输保险的投保实务主要涉及__________以及投保手续等。

A. 贸易的价格条件　　B. 险种的选择

C. 保险金额的确定　　D. 保险费的计算

8. 投保人应根据货物的种类、性质、特点、包装，运输工具，运输路程以及港口等不同情况来选择保险产品，比如粮油食品类包括以下几种__________。

A. 食品类　　B. 冻品类

C. 粮谷类　　D. 油脂类

E. 鱼粉类　　F. 活牲畜、活禽、活鱼类

9. 工艺品类商品造型精细，形状各异，体积小，但价值昂贵。因此，包装特别重要，一般的风险为破碎，其他风险为盗窃。因此，投保人应加保破碎险以及偷窃、提货不着险，或者一切险等，以便得到应有的保障。工艺品包括__________。

A. 首饰类　　B. 珐琅类

C. 雕刻品　　D. 漆器类

E. 陶瓷制品　　F. 陶瓷器类

10. 海上货物运输贸易价格条件是国际贸易中构成单价条款的重要组成部分，是在对外报价和签订合同时必然会涉及的内容。其包括__________价格条件。

A. FOB　　B. CFR

C. FOBC　　D. CIF

六、思考题

1. 简述工艺品的种类与特点。

2. 简述轻工产品的种类与特点。

3. 投保人选择保险考虑的因素有哪些?

4. 签订售货合同应注意哪些事项?

5. 简述 CIF 价格条件与特点。

6. 投保风险因素审核的要点有哪些？

7. 保险人核保应考虑的因素有哪些？

七、案例分析题①

1. “昌隆”号货轮满载货物驶离上海港。开航后不久，由于空气温度过高，导致老化的电线短路引发大火，将装在第一货舱的 1 000 条出口毛毯完全烧毁。船到新加坡港卸货时发现，装在同一货舱中的烟草和茶叶由于羊毛燃烧散发出的焦煳味而不同程度受到串味损失。其中由于烟草包装较好，串味不是非常严重，经过特殊加工处理，仍保持了烟草的特性，但是等级已大打折扣，售价下跌三成。而茶叶则完全失去了其特有的芳香，不能当成茶叶出售了，只能按廉价的填充物处理。

“昌隆”号货轮行经印度洋时，不幸与另一艘货船相撞，船舶严重受损，第二货舱破裂，仓内进入大量海水，剧烈的震荡和海水浸泡导致仓内装载的精密仪器严重受损。为了救险，船长命令动用亚麻临时堵住漏洞，造成大量亚麻损失。在船舶停靠泰国港避难进行大修时，船方联系了岸上有关专家就精密仪器的抢修事宜进行了咨询，发现整理恢复费用十分庞大，已经超过了货物的保险价值。为了方便修理船舶，不得不将第三舱和第四舱部分纺织品货物卸下，在卸货时有一部分货物有钩损。

① 海洋运输货物保险保障的范围案例［EB/OL］.（2013-01-04）［2018-03-01］. http://www.docin.com/p-621210703.html.

根据所学知识，试分析上述货物损失属于实际全损还是推定全损，说明理由。

2. 货轮在海上航行时，某舱发生火灾，船长命令灌水施救，扑灭大火后，发现纸张已烧毁一部分，而未烧毁的部分因灌水后无法使用，只能作为纸浆处理，损失原价值的 80%。另有印花棉布没有烧毁但有水渍损失，其水渍损失使该布降价出售，损失该货原价值的 20%。请问纸张损失的 80%，棉布损失的 20%，都是部分损失吗？为什么？

第六章 海上保险费率

一、填空题

1. 海上保险费率是指保险公司按 __________ 等保险条件向投保人或被保险人收取保险费的比例，通常按百分比或千分比来计算。

2. 以 __________ 获得的保险费作为支付赔款来源之用，是以危险概率为基础，即以海上保险标的可能发生危险的频率和发生保险事故可能导致的损毁程度为准。

3. 附加费率的降低能使 __________ 的总体水平下降。一方面，这可以减轻被保险人的保费负担，扩大盈利；另一方面，较低的费率水平能使保险公司在业务经营中更具有竞争力。

4. 海上保险业务活动具有 ____________，保险标的涉及国际经济贸易交往中的各种对象，如进出口货物、国际运输船舶及建造以及海上石油开发等。

5. 合理是指在公平的基础上，根据单个等价交换的原则，按照被保险人投保标的危险性大小及数量恰当地确定保险费率的档次，实行 ____________。

6. 船舶保险和 ____________ 的风险性质和程度有较大差异，因此其费率不同。即使是同一险种，也会因险别的不同而有不同的危险性质和程度。

7. ________ 的大部分形成保险赔偿基金，它是补偿保险标的损失的资金来源。

8. 确定的费率要保证保险公司的 ____________ 稳定性，也要与被保险人的承受能力相适应，从而实现二者的统一，才是可行的费率水平。

9. 保险费率一经制定，在一定时期内，应保持相对稳定，不要过于频繁地变动。保险费率中的相当一部分具有 __________，其影响因素受客观条件制约。

10. 在具体经营中，费率必须有一定的伸缩性和弹性，以适应国内、国际保险市场多变的客观情况。目前，短期费率靠经验分析，中长期费率靠 ______ 分析。

二、名称解释

1. 毛费率

2. 附加费率

3. 纯费率

4. 协议退费

5. 停泊退费

三、是非判断题

1. 投保人投保同一个险别，虽然国家或地区以及港口不同，但是保险公司所确定的费率是一样的。 （ ）

2. 海上保险经营活动的内容和方式与国际贸易、国际航运、金融、保险市场紧密相连。其主要险种的风险、保障对象和保障范围，不受影响和制约。 （ ）

3. 遵循盈利原则，并不是绝对提高保险费率，而是要在保证保险公司偿付能力和被保险人对保险费率水平承受能力的基础上来提高。 （ ）

4. 在海上保险经营活动中，提高经营管理水平，减少成本费用开支，降低附加费率的比例，是每一个保险公司必须充分考虑的事项。 （ ）

5. 检验保险费率是否公平，可以用实际赔付率与预定赔付率进行比较。如果实际赔付率与预定赔付率有一定的差距，则说明费率是公平的。 （ ）

6. 保险人承担赔偿责任的大小是与风险性质和损失程度相适应的，风险越大，出险率越低，保险人的赔付责任就越小。 （ ）

7. 保险公司只有拥有一定数量的保险基金，才能保证其偿付能力和经营的稳定

性，适度的保险费率是保持其财务稳定性的基础。（　　）

8. 不稳定的费率将会导致保险市场出现激烈竞争，出现各保险公司争相降低费率的情况，从而使投保人为追求低费率下的利益而任意中途解约，这种投机心理与保险的基本原则相违背，不利于保险市场的稳定。（　　）

9. 保险费率的一部分虽然受客观条件制约，要求其保持相对稳定性，但这种稳定性是绝对的。（　　）

10. 一般来讲，保险金额与保险价值相等，但实际上也常出现不一致的情况。保险金额与保险价值相等称为足额保险。（　　）

11. 被保险人申报的保险金额小于保险价值，就是不足额保险。保险货物发生损失时，保险公司按实际损失承担赔偿责任。（　　）

12. 被保险人申报的保险金额大于保险价值，就是超额保险。在不定值保险条件下，超额部分无效。（　　）

13. 国际贸易中的货物运输保险的保险金额，一般以发票价值为基础。国际贸易惯例一般都规定进出口货物运输保险的保险金额可在 CIF 货价基础上适当加成。（　　）

14. 按照国际商会制定的《国际贸易术语解释通则》和《跟单信用证统一惯例》中的有关规定，保险金额在发票价的基础上加成 20%。（　　）

15. 如果保险的性质在承保后发生变化，保险人承担的责任可能大大减少。在这种情况下，被保险人有权向保险人申请，要求全部或部分的返还已缴纳的保险费。（　　）

16. 要按照船舶名录核对船舶的吨位、建造年份并确定船龄。一般来说，船龄在 25 年以上被认为是老船，保险公司按老船的费率表加收保险费。（　　）

四、单项选择题

1. ＿＿＿＿＿是投保人或被保险人支付的费用，作为保险公司根据保险合同的内容承担赔偿或给付责任的一种对价。

A. 手续费　　B. 保险费

C. 运输费　　D. 保险金额

2. 保险费一般包括两个部分：一是＿＿＿＿＿，专门用于赔付保险灾害事故所造成的损失，它是保险费的主要部分。

A. 净保险费　　B. 毛保险费

C. 纯保险费　　D. 附加保费

3. 海上保险费率是指保险公司按保险金额等保险条件向投保人或被保险人收取保险费的比例。通常是按百分比或千分比来计算的。海上保险费率是由纯费率和附加费率两个部分构成的，两者之和称为＿＿＿＿＿。

A. 毛费率　　B. 净费率

C. 纯费率　　D. 附加费率

4. 在制定海上保险费率时，既要以国内经贸、金融、航运市场的情况和信息数据以及风险种类、性质为依据，又要对国际范围的影响因素和风险情况进行研究，如国际市场的供需情况、费率水平以及竞争情况等。这体现了制定费率的__________原则。

A. 相对稳定性　　B. 国际性

C. 公平合理性　　D. 盈利性

5. 保险费率的一部分虽然受客观条件制约，要求其保持相对稳定性，但这种稳定性不是绝对的。在具体经营中，费率必须有一定的伸缩性和弹性，以适应国内、国际保险市场多变的客观情况。这是体现了制定费率的__________原则。

A. 相对稳定性　　B. 国际性

C. 伸缩性　　D. 盈利性

6. 一般来讲，保险金额应与保险价值相等，但实际上也常出现不一致的情况。保险金额与保险价值相等称为__________。

A. 足额保险　　B. 不足额保险

C. 足量保险　　D. 超额保险

7. 被保险人申报的保险金额小于保险价值称之为“__________”。在此情况下，保险货物发生损失时，保险公司按保险金额与保险价值的比例承担补偿责任。

A. Over Insurance　　B. Under Insurance

C. Low Insurance　　D. Full Insurance

8. 被保险人申报的保险金额大于保险价值称为__________。在不定值保险条件下，超额部分无效，保险人只按照可保价值进行赔付。

A. 足额保险　　B. 不足额保险

C. 足量保险　　D. 超额保险

9. 保险货物发生损失时，保险公司按保险金额与保险价值的比例承担补偿责任。被保险人申报的保险金额大于保险价值，就是超额保险。在不定值保险情况下，超额部分__________。

A. 按比例分摊　　B. 保险人和被保险人各承担 50%

C. 保险人承担　　D. 无效

10. 要按照船舶名录核对船舶的吨位、建造年份并确定船龄。一般来说，船龄在__________以上被视为老船，保险公司按老船的费率表加收保险费。

A. 25 年　　B. 15 年

C. 35 年　　D. 10 年

11. 被保险人申报的保险金额大于保险价值，就是超额保险。在__________条件下，保险人只按照保险价值赔付。

A. 定额保险　　B. 定值保险

C. 不定值保险　　D. 预约保险

12. 各国保险法及国际贸易惯例一般都规定进出口货物运输保险的保险金额可在__________货价基础上适当加成。

A. FOB　　B. CIF

C. CFR　　D. CIFB

13. 被保险人投保了海上运输货物保险的一批货物，并已缴纳了保险费，但是由于售货合同撤销等原因未能运离仓库装船，保险人正确处理方式是__________。

A. 退还保费　　B. 不退保费

C. 退还 50%　　D. 退还 80%

14. 停泊退费是指被保险船舶在保险人同意的港口或区域停泊，停泊天数超过 30 天，停泊期间的保险费就应按净保险费比例的__________退还给被保险人。

A. 25%　　B. 60%

C. 50%　　D. 80%

15. 如果保险标的是按“灭失与否”条件承保的，在订立保险合同时，保险标的已经安全抵达目的港，保险人正确处理方式是__________。

A. 退还保费　　B. 不退保费

C. 退还 20%　　D. 退还 50%

五、多项选择题

1. 海上风险的因素及风险的多样性影响海上保险费率的确定。就海上风险而言，影响费率的因素包括__________。

A. 货物的种类、性质、特点和包装

B. 运输工具、运输线路和港口情况及运输方式

C. 未来损失记录

D. 保险责任范围和保险条件

E. 被保险人和船东信誉以及以往的损失记录

2. 制定保险费率的一般性原则是所有保险业务包括海上保险业务在确定费率时必须遵循的原则，主要包括__________。

A. 公平合理原则　　B. 可行性与保证偿付原则

C. 负债原则　　D. 盈利原则

E. 相对稳定原则　　F. 国际性原则

3. 我国海上保险的费率一般包括__________几个部分，保险费率应是这几项费率之和加在一起计算。

A. 基本险费率　　B. 逾龄船舶运输工具增加费率

C. 附加险费率　　D. 平安险费率

4. 一般货物保险费率分为__________。附加险不能单独承保，必须在平安险或水渍险的基础上加保。除了费率表中另有规定外，按照基本险费率计算。

A. 水渍险　　B. 附加险

C. 平安险　　D. 一切险

5. 国际货物运输保险费率分成__________。指明货物是指需要指明的某些特定货物，凡是未指明的则属于一般货物。

A. 一般货物保险费率　　B. 特别货物保险费率

C. 指明货物保险费率　　D. 特殊货物保险费率

6. 如果保险的性质在承保后发生变化，保险人承担的责任可能大大减少。被保险人有权向保险人提出申请，要求全部或部分返还已缴纳的保险费，这种返还叫做退费。保险费退费大体上可以分为__________。

A. 承保失效退费　　B. 承保过期退费

C. 协议退费　　D. 合同退费

7. 根据规定，在被保险人不存在欺诈的情况下，保险费应退还给被保险人。因承保失效而产生退费的称为承保失效退费，有以下几种情况__________。

A. 风险从未开始而退费　　B. 解除合同而退费

C. 没有保险利益而退费　　D. 重复保险而退费

E. 超赔保险而退费　　F. 超额保险而退费

8. 在海上保险合同中，保险人按一定方式退还一定的保险费，同意解除或部分解除承保责任，这种退费称为协议退费。协议退费有以下几种情况__________。

A. 承保风险有所改善

B. 承保风险加大

C. 保险船舶的船级社或船级发生改变

D. 保险船舶的所有人、船旗等发生改变

E. 当事人同意注销保险合同

F. 停泊退费

9. 停泊退费是指被保险船舶在保险人同意的港口或区域停泊，达到相应的停泊天数保险人就退费给被保险人。下列说法正确的是__________。

A. 超过 30 天为船舶退费日期

B. 超过 45 天为船舶退费日期

C. 停泊期间，退 50%的保费

D. 停泊期间，退 25%的保费

E. 停泊期间，退 35%的保费

10. 国际贸易中的货物运输保险的保险金额，一般以发票价值为基础确定的。从买方的进口成本看，除去进口商品的货价外，保险金额还包括运费和保险费，即以__________。

A. CIF 货价基础上加成 10%

B. FOB 货价基础上适当加成 10%

C. CFR 货价基础上适当加成 10%

D. 双方协商，可约定不同的加成率

六、思考题

1. 简述制定费率的国际性原则体现在哪些方面？

2. 保险人在处理船舶退费时应注意哪些事项？

3. 如何看待纯费率和附加费率？

4. 谈谈制定费率的伸缩性原则体现在哪些方面？

5. 简述我国海上保险费率的构成。

七、计算题

1. 360 公司出口 360 奇酷极客版手机 10 000 部到澳大利亚，CFR 价为 500 美元/台，投保海洋货物运输一切险，费率为 0.9%。按照国际贸易惯例，保险金额在 CIF 价格的基础上加成 10%投保。计算保险金额和保险费各是多少？

2. 华为公司出口华为 Mate8 旗舰版手机 10 000 部到英国，FOB 价为 500 美元/台，运费为 5 美元/台，投保海洋货物运输一切险，费率为 0.8%。按照国际贸易惯例，保险金额在 CIF 价格的基础上加成 10%投保。计算保险金额和保险费各是多少？

第七章 海上保险的索赔和理赔

一、填空题

1. 事故责任的索赔是指被保险人先直接向负有责任的 ________ 提出索赔，然后就第三者赔偿后的不足部分向保险人或其代理人提出索赔。

2. 出口货物运输保险由国外代理人或其他公证机构出具的 ____________ 都应视为一种公证证明，但并不最后决定保险责任。

3. 在我国，____________ 保险较多地采取联合检验报告的形式，由收货人会同当地保险公司对现场检验情况进行记录，最后由保险公司或港口公司进行核赔。

4. 被保险人或其代理人在提货时发现货物的包装有明显的受损痕迹，或者整件短少，或者散舱货物已经残损，除向保险公司报损外，还应该立即向承运方、受托人以及海关、港务当局等索取 ____________。

5. __________ 对丧失第三者追偿权利所造成的损失，可以拒绝赔偿。这就是要求被保险人包括收货人及其代表要掌握和了解承运方、港口、车站、航空港等有关货物提取和赔偿的相关规章，以免受到不应有的损失。

6. 保险货物受损后，作为货主的 __________ 应该对受损货物采取合理的、及时的施救、整理措施，以防止损失的进一步扩大，被保险人不能因为有了保险就完全把责任转嫁给保险公司。

7. 保险货物的损失向 __________ 等第三者的追偿手续办妥后，被保险人就应向保险公司或其他代理人提请赔偿请求。

8. 海上保险的 __________ 对于正确发挥保险的补偿作用、为被保险人及时恢复生产、促进对外经济贸易发展、提高保险企业的信誉等，有着非常重要的作用。

9. 理赔工作涉及被保险人投保的根本目的和切身利益，保险人应在 ____________ 的前提下，本着"主动、迅速、准确、合理"的原则，妥善处理好赔案。

二、名称解释

1. 保险索赔

2. 事故责任索赔

3. 间接索赔

4. 保险理赔

5. 检验报告

三、是非判断题

1. 保险责任索赔是指被保险人直接向保险人提出赔偿请求。按照这种方式，不论遭受损失的一方是谁，只要有保险损失发生，被保险人就可以向保险人提出索赔。（　）

2. 直接责任索赔是指被保险人先直接向负有责任的第三者提出索赔，然后就第三者赔偿后的不足部分向保险人或其代理人提出索赔。（　）

3. 货物在运输途中发生残损，导致货物损失 60 万美元，其责任完全是船方的运输责任，货主可以直接向责任方（船方）索赔。这种行为就是向事故责任方索赔行为。（　）

4. 免赔率是指保险公司对损失免除部分赔偿责任的百分比，在海上货物运输保险中，绝对免赔率应用较多。（　）

5. 货物在运输途中发生残损，导致货物损失 60 万美元，其中 40 万美元的损失为船方责任所致，20 万美元的损失为恶劣气候所致。货主先向船方索赔 40 万美元，再就剩下的 20 万美元向其保险人索赔，这就是间接索赔。（　）

6. 货主就 60 万美元的损失，全部向其保险人索赔，保险人赔偿后再向船东追偿 40 万美元，这种方式称为代位追偿。（ ）

7. 索赔是指对保险赔案的处理，它包含保险货物发生损失后，被保险人向保险公司的索赔以及保险公司接到报损通知后处理赔案的全过程。（ ）

8. 当被保险人获悉或发现保险货物已经遭受损失，可以就近通知代理人，并申请对货损进行检验。在检验的同时，被保险人还应会同保险公司及其代理人对受损货物采取相应的施救、整理措施，以避免损失的进一步扩大。（ ）

9. 保险合同双方根据定值保险承保的货物，如发生保险责任范围内的实际全损或推定全损，不论损失当时的实际价值是否高于或低于约定价值，只要保险金额同约定价值相等，保险人就给予赔偿。（ ）

10. 比例责任制是指依据各家保险公司承保的保险金额，按比例分担损失、分摊赔偿金额的一种赔偿方式。（ ）

11. 超额保险制分为善意的超额保险和恶意的超额保险，一般出现在不定值保险之中。或者由于投保人、被保险人出于善意，过高地估计财产的价值；或者由于保险财产价值的下降，使得保险标的出险之时，保险金额超过保险价值。对于善意的超额保险，保险赔偿金可以按照保险标的的价值比例相应地减少。（ ）

12. 如果损失是由某一因素直接影响保险标的所致的，那么这一因素便是损失的近因。如果是承保风险，保险人要负责赔偿。（ ）

13. 当被保险人获悉或发现保险货物已经遭受损失，应该马上通知保险公司。因为一经通知，表示索赔行为已经开始，但是受索赔时效的限制。（ ）

14. 免赔率是指保险公司对损失免除部分赔偿责任的百分比。相对免赔率指的是损失达到规定的免赔率时，保险公司对全部损失如数赔偿。（ ）

15. 如果保险合同双方根据定值保险承保的货物，发生了保险责任范围内的实际全损或推定全损，损失的实际价值高于约定价值，保险人不予赔偿。（ ）

四、单项选择题

1. ＿＿＿＿＿是指被保险人直接向保险人或其代理人提出赔偿请求。按照这种方式，不论遭受损失的一方是谁，只要有保险损失发生，被保险人就可以向保险人提出索赔。

A. 追偿索赔　　B. 直接责任索赔

C. 代位索赔　　D. 间接责任索赔

2. 如果出险时货物的实际价值高于保险金额，保险公司可以按＿＿＿＿＿赔付，如果实际价值低于保险金额，则按实际价值赔付。

A. 比例分摊　　B. 保险人和被保险人各承担一半

C. 保险金额　　D. 实际价值

3. 海上保险合同是一种具有法律约束力的经济合同。对海上损失进行赔偿是海上保险合同规定的＿＿＿＿＿应尽的义务。

A. 保险人　　B. 被保险人
C. 投保人　　D. 经纪人

4. ＿＿＿＿是指被保险人先直接向负有责任的第三者提出索赔，然后就第三者赔偿后的不足部分向保险人或其代理人提出索赔。

A. 转位责任索赔　　B. 间接责任索赔
C. 事故责任索赔　　D. 直接责任索赔

5. 国际经济合作已成为世界各国经济发展的重要组成部分，深入到经济生活的各个领域。海上保险从财产、责任、信用等各个方面为国际经济合作提供全方位、立体式的经济保障，如果＿＿＿＿工作处理得当，就能促进国际经济交往的顺利进行。

A. 保险承保　　B. 保险索赔
C. 保险核保　　D. 保险理赔

6. 在我国，进口货物运输保险较多地采取＿＿＿＿的形式，由收货人会同当地保险公司对现场检验情况进行记录，最后由保险公司或港口公司进行核赔。

A. 联合检验报告　　B. 公正检验报告
C. 港口检验报告　　D. 商品检验报告

7. 检验报告是证明损失原因、损失程度、损失金额、残余物资价值及受损货物处理经过的证明，是确定保险责任和赔偿金额的主要证件。一般来说，出口货物往往由＿＿＿＿或检验人出具检验报告。

A. 保险责任人　　B. 保险代理人
C. 保险公估人　　D. 保险经纪人

8. 保险人审核检验报告时，要弄清谁是最后收货人，了解其是否具有保险利益。按照惯例，＿＿＿＿可以不经保险公司同意而随着货物权益的转移进行转让。

A. 船舶保险单　　B. 财产保险单
C. 货物运输保险单　　D. 汽车保险单

9. 货物损失的原因各种各样，既有保险责任，也有除外责任。为了合理地赔付，需要一个判明危险与标的损失之间关系的标准，以确定保险人的责任。＿＿＿＿是确定保险赔偿责任的一项基本原则。

A. 保险利益原则　　B. 补偿原则
C. 损失分担原则　　D. 近因原则

10. 如果补偿没有达到损失标准，保险作用难以发挥，保险的目的难以达到。相反，如果补偿超过损失，将会使保险人蒙受经济损失，同时会诱发＿＿＿＿的产生，使被保险人为取得保险金而进行欺诈活动。

A. 道德风险　　B. 物理保险
C. 心理风险　　D. 欺诈风险

11. __________指的是损失超过规定的免赔率时，保险公司只对超过免赔率的部分赔偿。其目的是减少自然损耗或运输损耗损失的赔偿。在海上货物运输保险中，__________应用较多。

A. 绝对免赔 20%　　B. 相对免赔 20%

C. 绝对免赔率　　D. 相对免赔率

12. 免赔率是指保险公司对损失免除部分赔偿责任的百分比，免赔率分为相对免赔率和绝对免赔率。__________是指损失达到规定的免赔率时，保险公司对全部损失如数赔偿。其目的是减少零星琐碎的小额赔款。

A. 相对免赔率　　B. 绝对免赔率

C. 免赔率　　D. 比较免赔率

13. __________是指损失超过规定的免赔率时，保险公司只对超过免赔的部分进行赔偿。其目的是减少自然损耗或运输损耗损失的赔偿。

A. 相对免赔率　　B. 绝对免赔率

C. 免赔率　　D. 比较免赔率

14. __________是在重复保险的情况下，一家保险公司与另一家保险公司共同承担保险责任的一种赔偿方式。

A. 单独承担　　B. 个人分摊

C. 比例分担　　D. 集体分担

15. 如果被保险人就同一保险标的、在其保险期间相同的情况下向两个或两个以上的保险公司购买承保相同危险的保险单，则被视为__________。

A. 责任保险　　B. 共同保险

C. 再保险　　D. 重复保险

五、多项选择题

1. 当被保险人投保的货物、船舶遭受到损失后，被保险人会立即向保险公司提出索赔。货物受损一般有以下几种情况：一种是运输工具__________；另一种是货物抵达目的港后，被保险人在码头、车站提货时发现__________。

A. 在途中遭遇意外事故　　B. 货物损失

C. 船员财产损失　　D. 代理人财产损失

2. 保险理赔关系到被保险人的切身利益，被保险人的保险金请求权必须得到保护。做好保险理赔工作的意义在于__________。

A. 保障保险人生产稳定经营　　B. 促进国际经济交往顺利进行

C. 促进保险制度不断完善　　D. 从理赔中获取风险管理资料和数据

E. 保障被保险人生产稳定经营

3. 当被保险人保险的货物遭受到损失后，被保险人按照保险单的规定向保险公司办理索赔手续，同时还应以收货人的身份向承运方办妥必要的手续。其索赔方式包括__________。

A. 直接索赔　　B. 超额索赔

C. 间接索赔　　D. 超赔索赔

4. 当被保险人获悉或发现保险货物已经遭受损失，应该立即向保险公司报告，然后按照相关索赔程序提出索赔，其中包括__________等。

A. 损失通知　　B. 准备必要的索赔单证

C. 采取合理施救措施　　D. 向承运人等有关方提出索赔

E. 检验报告　　F. 货损货差证明

5. 保险人向承运人等第三者索回已支付给被保险人的赔款称为追偿。追偿成立的条件包括__________。

A. 损失由第三者造成　　B. 损失由被保险人造成

C. 损失由投保人造成　　D. 取得被保险人向第三者的追偿权

6. 保险货物发生损失后，被保险人向保险人提出的索赔，保险人进行理赔。海上保险的理赔应遵循__________原则。

A. 重合同、守信用　　B. 先追偿后赔偿

C. 先赔偿后追偿　　D. 遵循国际惯例

E. 主动、迅速

7. 赔偿适当原则是指保险人赔偿被保险人的损失时，应该合情合理，恰到好处。通过赔偿，被保险人的经济损失得以弥补，恢复到发生损失前的状态。贯彻赔偿适当的原则的途径有以下几种__________。

A. 以实际损失为限　　B. 以保险金额为限

C. 按比例分担为准　　D. 以统一分摊为限

8. 当被保险人获悉或发现保险货物已经遭受损失时，被保险人应该马上通知保险公司，并提出索赔，索赔程序包括__________。

A. 发出损失通知　　B. 向承运人等有关方提出索赔

C. 采取合理施救措施　　D. 准备必要的索赔单证

E. 准备接收赔偿款

9. 根据中国保险行业协会2014年10月出台的《货物运输保险理赔实务》手册的要求，理赔流程包括以下几项__________。

A. 报案受理与调度　　B. 查勘与立案

C. 责任分析与确定　　D. 定损、理算、核赔及支付赔款

E. 代位求偿（追偿）

10. 为了确定损失是否由承保风险引起，首先要确定损失的近因，然后再确定该风险是否属于承保风险。其具体包括__________。

A. 承保风险直接造成损失

B. 承保风险外来原因造成损失

C. 承保风险间接造成损失

D. 造成损失的风险和促成损失的因素

六、思考题

1. 简述海上保险索赔的程序。

2. 直接索赔与间接索赔有哪些区别？

3. 简述海上保险理赔的程序。

4. 谈谈海上保险理赔的原则。

5. 说明保险公司做好理赔工作的意义。

七、计算题

广东机电进出口公司有一批价值 800 万美元的机电设备，运往巴西里约热内卢。起运前，广东机电进出口公司向中国人民保险公司广东分公司投保货物保险一切险，保险金额为 500 万美元。过了两天，广东机电进出口公司又向太平洋保险公司深圳分公司就同一标的投保货物运输保险一切险，保险金额为 400 万美元。在保险期间内，因发生船舶触礁的意外事故，该批货物价值 80 万美元的货物受损。计算两家保险公司各自承担多少赔偿金额？

八、案例分析题[①]

原告山东蓬莱晨光五金集团有限公司（简称山东晨光五金集团有限公司）于 1998 年 11 月 3 日向第三人订舱，委托第三人将 2 800 箱锯条自烟台市运往广州黄埔港，双方于当日签订了订舱协议，次日由第三人派车将货物运至烟台港。11 月 5 日，原告向被告（中国太平洋保险公司烟台分公司）投保，并向被告出具了订舱单，被告据此出具了国内水路、陆路货物运输保险单，运单号 YH-9819-21，其中船名为“汇波泉”轮第 9819 航次。被告出具的保险单背面为保险条款，正面有 9 个填充栏目。有关栏目均由被告填写。“货票、运单号码”栏，被告方填的是

① 海上货物运输保险合同案例分析［EB/OL］.（2001-03-14）［2018-03-01］. xuewen.cnki.net/CCND-CSYB200103140031.html.

"汇波泉 9819YH0919-021"，"运输工具"栏，被告填的是"船"。保险单中列明的投保人和被保险人均为原告。

原告托运的货物由山东省青岛海运总公司所属船舶承运。该公司原计划由"汇波泉"轮运输，并由原告出具了运单，运单未注明签发日期。后由于该船临时检修而取消，改由"静水泉"轮替代。换船后，该公司和第三人并未通知原告。1998 年 11 月 18 日，"静水泉"轮在厦门海域沉没。

为协助原告追偿，青岛海运总公司据实向被告出具了换船原因及货物所在集装箱号码的书面说明。该公司的代理人大连三峰船务有限公司烟台办事处亦将"静水泉"填入运单"第一接转船"栏中，并加盖公章。原告持保险单和该运单向被告申请支付保险金。被告以换船未通知为由，拒绝支付。

请分析保险公司与原告谁能赢得这场官司的胜利？理由是什么？

第八章 海上保险的追偿

一、填空题

1. 保险人向被保险人支付保险责任的赔款之后，取得向第三者责任方追偿的法定权利。在海上保险中，第三者主要是__________或船舶所有人。

2. 追偿是保险人根据代位求偿权向第三者责任方索赔的一种法律行为。在海上保险中，__________ 主要是针对货物运输保险而言，船舶保险较少（交叉赔偿）。

3. 当被保险人知道第三者应对损失负责时，如果没采取措施保全这种赔偿请求的权利，这是被保险人的__________ 行为。保险人明示或默示对第三者责任不予追究，这是保险人的弃权行为。

4. 从时间上看，一般是先________ 后追偿，即追偿总是在赔偿工作结束之后进行的，而理赔工作的结束往往又是以赔偿工作结束为准的。

5. 从追偿的效果看，保险公司是否追偿成功与赔偿没有必然联系。从行为对象上看，追偿的对象是第三者，理赔的对象是____________。

6. 如果追回款项扣除费用开支和利息后，大于已支付给被保险人的赔偿金额，除了被保险人办理的委付外，一般说来，超出部分余额应退给____________。

7. 按照____________的规定，承运人对所运货物的责任期限，是从货物装到船上时起至货物从船上卸下时止。

8.《海牙规则》第三条第一款规定，承运人在开航前与开航时，必须谨慎处理，以便使船舶具有____________。

9. 保险人认为船方有逃脱动机，应该向法院提出申请。如果法院认为保险人提出的申请合法，法院向船方发出__________命令，要求船方提供担保。

10. ____________是国际货币基金组织创设的一种储备资产和记账单位，亦称“纸黄金”。它是国际货币基金组织分配给会员方的一种使用资金的权利。

二、名称解释

1. 追偿

2. 扣船

3. 提单

4. 和解

5. 诉讼

三、是非判断题

1. 海上保险追偿与理赔在内容上有着不可分割的联系。海上保险追偿与理赔是两种相同的行为。（ ）

2. 海上货物运输保险的追偿与理赔的顺次不能颠倒，一般是先赔偿后追偿，也就是说，追偿是在理赔工作结束之后进行的。（ ）

3. 追偿和理赔可以看成两个不同时期的工作。保险公司追偿是否成功与赔偿没有必然的联系。追偿的对象是被保险人，理赔的对象是第三者。（ ）

4. 海上保险合同双方当事人依据合同的约定，投保人缴付保险费给保险人，保险人在保险标的遭受损失时进行补偿。这种关系体现了保险双方权利与义务不对等关系。（ ）

5. 如果运输合同中写有“承运人享有保险契约上的利益”等条款，保险人仍然签订保险合同，这说明保险人预先放弃对承运人的赔偿请求权。（ ）

6. 如果保险责任由第三者造成，保险公司在赔偿给第三者后，能够追回已付给被保险人的赔款，这样保险人实际上没有经济上的损失。（ ）

7. 1992年出台的《中华人民共和国海商法》第二百五十三条规定："被保险人未经保险人同意放弃向第三者要求赔偿的权利，或者由于过失致使保险人不能行使追偿权利的，保险人可以相应扣减保险赔偿。" （ ）

8. 保险公司追偿成功了才给予赔付，或者保险人要求被保险人保证能够追偿回来后才予以赔付，这种做法是合情合理的。 （ ）

9. 按照《海牙规则》第三条第二款的规定，承运人对货物的责任包括装载、搬运、积载、运送、保管、照料和卸载等七个方面。 （ ）

10. 运输货物的收货人或保险公司向承运人追偿时，应以海上运输的法规、提单和保险单为依据。 （ ）

11. 因船长、船员或装卸人员的疏忽而引起的火灾，由于货物的自然特性而蔓延起来的火灾引起货物损失以及因扑灭火灾而造成的货物损失，不能免除责任。 （ ）

12. 如果证明有关的灭失或损害既不是由于承运人的实际过失或私谋，也不是承运人的代理人或雇佣人员的过失疏忽所造成，可免除责任。 （ ）

13. 按照《海牙规则》的规定，承运人对所运货物的责任期限从货物装到船上时起至货物从船上卸下时止。这段时间包括装货过程和卸货过程，但不包括装货前和卸货后的时间。 （ ）

14. 扣船的决定必须是在外轮离开中国港口之前，此时保险人已经取得代位追偿权。保险人必须与货主密切合作，认真审查分析事故责任，并由被保险人申请扣船。 （ ）

15. 我国承运人对货物的灭失和损害的赔偿限额，按每件或每个货运单位为666.67特别提款权，或者按货物毛重计算，每千克为2.5特别提款权，以高者为准。 （ ）

16. 仲裁是由海上保险关系双方当事人在争议发生之前或之后，达成书面协议，自愿把争议提交给双方同意的第三者裁决。 （ ）

17. 为节省国家审判资源，在民事经济案件的审理时，法院会提议双方和解处理，最后形成在法院主持下的调解协议。 （ ）

18. 如果裁决不当或不公平，任何一方当事人不得向法院上诉。如果事实确凿，法院可依法宣布重新仲裁。 （ ）

四、单项选择题

1. 在海上货物运输险的理赔中，保险人向被保险人支付赔偿后，按照提单、运单规定，向负有责任的第三者进行追偿。在这里，第三者指的是__________。

A. 承运人　　B. 船长

C. 投保人　　D. 被保险人

2. 如果追回款项扣除费用开支和利息后，还大于已支付给被保险人的赔偿金额，除了被保险人办理的委付外，一般说来，超出部分余额应__________。

A. 退给承运人

B. 退给船舶所有人

C. 自留之用

D. 退给被保险人

3. 被保险人未经保险公司同意放弃向第三者要求赔偿的权利，或者由于过失致使保险公司不能行使追偿权利的。保险公司可以__________。

A. 承担一半损失

B. 解除保险合同

C. 相应扣减保险赔偿

D. 拒绝赔偿

4. 海上运输货物的收货人或保险公司向承运人追偿时，以海上货物运输的相关法规和__________等为依据。

A. 提单

B. 保险单

C. 投保单

D. 发票

5. 根据《海牙规则》的规定，承运人有承担基本义务的责任和享有免责的权利。其中，承运人的免责权利有__________之多。

A. 10 项

B. 15 项

C. 17 项

D. 18 项

6. 因船长、船员或装卸人员的疏忽而引起的火灾，由于货物的自然特性而蔓延起来的火灾，或由于其他原因造成的火灾。这些火灾所引起的货物损失以及因扑灭火灾而造成的货物损失，可以免除__________。

A. 发货人的责任

B. 收货人的责任

C. 承运人的责任

D. 被保险人的责任

7. 如果承运人没有履行相应的义务，使货物受损，应承担货物损失的赔偿责任。《海牙规则》规定，承运人对每件货物的损害赔偿的最高责任限制为__________。

A. 100 美元

B. 100 英镑

C. 150 美元

D. 150 英镑

8.《维斯比规则》规定，承运人对每件货物的赔偿限额为__________，或者每千克货物赔偿限额为 30 金法郎或 2 特别提款权，以高者为准。

A. 1 500 金法郎

B. 100 英镑

C. 150 美元

D. 10 000 金法郎

9.《汉堡规则》对承运人的赔偿责任限额比《维斯比规则》提高了约 25%，每件或每装运单位为__________，或者每千克 2.5 特别提款权，以高者为准。

A. 1 500 金法郎

B. 835 特别提款权

C. 1 500 美元

D. 2 000 金法郎

10. 当保险公司最后同意了责任方的赔偿数额时，往往要向责任方发函复证。责任方将赔款汇来后，保险公司就可缮制__________赔款计算书。

A. "红字"

B. "蓝字"

C. "黄字"

D. "绿字"

11. 按照大多数国家的仲裁法的规定，仲裁协议的作用主要表现在双方当事人均须受仲裁协议的约束，如果发生争议，__________。

A. 应以仲裁方式解决　　B. 向法院提起诉讼

C. 委托律师办理　　D. 委托法官办理

12.《海牙规则》规定，除非从货物交付之日或应交付之日起__________以内提出诉讼，承运人和船舶在任何情况下，都应被免除对于灭失或损害所负的一切责任。

A. 半年　　B. 二年

C. 一年　　D. 三年

13. __________是指海上保险赔偿发生争议或纠纷时，保险合同及有关各方进行磋商，经过相互让步，彼此都认为可以接受的一种行为。

A. 诉讼　　B. 和解

C. 仲裁　　D. 起诉

14. __________是指由保险人和被保险人自愿地把有关的争议问题或赔偿纠纷提交给双方同意的第三者进行公平判断。这种由第三者做出的判断，与仲裁不同，一般不具有约束力。

A. 中间人调解　　B. 自行调解

C. 自行和解　　D. 法院调解

15. __________的方法与一般第三者调解的方法略有不同，它主要解决外国公司在本国没有分公司或代理机构的情况下而产生的争议或纠纷问题，其效力比第三者调解的效力要高。

A. 中间人调解　　B. 诉讼

C. 自行和解　　D. 法院调解

五、多项选择题

1. 保险人向承运人等第三者索回已支付给被保险人的赔款称为追偿。追偿成立的条件包括__________。

A. 损失由第三者造成　　B. 损失由被保险人造成

C. 损失由投保人造成　　D. 取得被保险人向第三者的追偿权

2. 海上保险追偿的对象是负有责任的第三者，最为常见的对象是__________责任等。

A. 货物运输保险中的第三者　　B. 货物运输保险中的第二者

C. 货物运输保险中的承运人　　D. 船舶运营中有关方面的侵权

3. 海上保险追偿的对象是负有责任的第三者，向负有赔偿责任的第三者追偿的依据包括__________。

A. 发票依据　　B. 价格依据

C. 法律依据　　D. 合同依据

4. 海上保险追偿的对象是负有责任的第三者，因此第三者责任的种类和范围就构成追偿的依据。其中的法律依据包括__________。

A. 2009 年出台的《中华人民共和国保险法》（第六十条）

B. 1992 年出台的《中华人民共和国海商法》（第二百五十二条）

C. 英国《1906 年海上保险法》

D. 运输提单

E. 有关的国际公约和议定书

F. 其他的国际海上运输的法规等

5. 海上保险追偿的对象是负有责任的第三者，向负有赔偿责任的第三者追偿的依据之一是合同依据。合同依据一般分为__________。

A. 货物运输合同　　B. 磅码单

C. 提单　　D. 装箱单

6. 第三者过失造成保险标的损失，应承担标的损失的法律责任，按照保险赔偿原则，保险人向被保险人支付赔偿后，向第三者提出追偿，追偿的程序包括__________。

A. 立案审核　　B. 发出催复函或延期函

C. 扣船　　D. 收到赔款，并同意结案的函

7. 海上保险关系双方往往会因为赔偿数额发生争议和纠纷，对于这些争议或纠纷，按照国际惯例可采用__________。

A. 扣押　　B. 和解

C. 仲裁　　D. 诉讼

8. 仲裁是由海上保险关系双方当事人在争议发生之前或之后，达成书面协议，自愿把争议提交给双方同意的第三者裁决。仲裁的特点包括__________。

A. 武断性　　B. 自愿性

C. 公正性　　D. 效率性

9. 在追偿过程中，不论是协商还是诉讼，一定要有确凿的证据。向船方索赔要有理、有据，要有确凿的证据证明损失确属于船方责任。证据包括__________。

A. 举证责任　　B. 明示证明

C. 船舶不适航的证明　　D. 权益证明

10. 执行外国的仲裁裁决，不仅涉及当事人的切身利益，还涉及两国间的利害关系。因此，许多国家在法律上对于执行外国的仲裁裁决都做了规定。仲裁裁决在国外执行，一般遵循以下原则：__________。

A. 向当地公证机构起诉　　B. 依照双方国家的条约或协定办理

C. 向当地法院起诉　　D. 依照多边公约或国际公约处理

六、思考题

1. 谈谈保险人的追偿与理赔的关系。

2. 简述《海牙规则》中承运人的责任。

3. 说说保险仲裁的特点有哪些？

4. 保险纠纷的处理方式有几种？

七、案例分析题[①]

原告（被上诉人）：美国定航国际货运服务公司。

被告（上诉人）：上海华源经济发展公司。

1997 年 5 月 8 日，美国定航国际货运服务有限公司（以下简称定航公司）受上海华源经济发展公司（以下简称华源公司）委托，为其承运一批从上海至加拿大蒙特利尔的危险品货物。双方约定运费预付，承运人定航公司为托运人华源公司出具了提单。货物运出后，承运人于 1998 年 1 月 19 日通过律师向华源公司发函催讨运费，华源公司未予支付，定航公司据此向法院提起诉讼。

原告定航公司诉称：原先按约运输了货物，收货人也收到了货物，然而经催讨被告仍未支付运费，故请求法院判令被告支付运费人民币 45 650 元及利息。

被告未在规定期限内做出答辩，但其在庭审后致函法院称：依照有关法律规定，其与原告间的纠纷诉讼时效为 1 年。本案运输合同期限从 1997 年 5 月 8 日至 1998 年 5 月 8 日，原告起诉时间为 1998 年 6 月 26 日，时效已过。虽然原告委托律师于 1998 年 1 月 19 日向被告发函催讨运费，但被告并未做出承诺，根据《中华人民共和国海商法》的有关规定，原告的催讨行为不能构成时效中断。据此，被告请求法院对原告的诉讼请求不予支持。

法院如何裁决？理由是什么？谈论你的观点。

① 海上货物运输合同案例［EB/OL］.（2015－12－09）［2018－03－01］. http://www.docin.com/P－1385313402.html.

第九章 海上货物运输保险的险种概述

一、填空题

1. ____________ 的英文简称是 FPA，英文原意是“不负责单独海损”，也有的说法叫“单独海损不赔”，实际是指部分损失（但非共同海损的牺牲）不赔。

2. __________ 承保的责任范围除包括平安险的各项责任外，还负责由于恶劣气候、雷电、海啸、地震、洪水等自然灾害造成的部分损失。

3. 一切险的保险责任，除承保上述平安险和水渍险的责任外，还承保被保险货物在海上运输途中由于各种 __________ 造成的全部损失或部分损失。

4. __________ 中的保险责任所指的“外来原因”并非运输途中的一切外来风险，包括但不限于一般附加险中的 11 种风险，不包括特别附加险中的 6 种风险和特殊附加险中的 2 种风险。

5. __________ 一般都单独列明，并用黑体字的形式明确显示。它所列的各项致损原因，一般是非意外的、比较特殊的或保险人难以承保的风险。

6. 我国海上货物运输保险基本险的 ________ 是“仓至仓条款”，即从货物运离保险单所载明起运港发货人的仓库时开始，一直到货物运抵保险单所载明的目的港收货人的仓库时为止。

7. 根据条款规定，在 ________ 情况下，保险人要求被保险人在获知货物被迫卸货、重装或转运等情况时，及时通知保险人。

8. ____________ 是指货物在运输过程中，由于外包装破裂、裂口、扯痕或散装货物发生散失与实际重量短少的损失，由保险人负责赔偿。

9. ____________ 是指液体、流质类货物和油类物质，在运输途中因容器损坏而引起的损失，用液体装存的货物损失，均由保险人负责赔偿。

10. 某些含有 ____________ 的食物因超过进口国对该毒素的限制标准而被拒绝进口、没收或强制改变用途而遭受的损失，由保险人负责赔偿。

二、名称解释

1. 海上货物运输保险

2. 淡水雨淋险

3. 进口关税险

4. 舱面险

5. 拒收险

6. 非正常运输

三、是非判断题

1. 外来原因必须是意外的、事先难以预料的，不是必然出现的。这些外来原因必须是事故发生的近因。 (　　)

2.《中华人民共和国海商法》第二条对海上运输的定义：“本法所称海上运输，是指海上货物运输和海上旅客运输，包括海江之间、江海之间的直达运输。” (　　)

3. 除外责任是指保险人不承担的损失或费用。对于条款中列明的不属于保险责任范围内的风险事故造成的被保险货物损失或由此而产生的费用，承运人可以免除承担赔偿责任。 (　　)

4. 由于水渍险的保险责任范围较大，提供的保险保障比较充分，各类货物都

能适用，特别是粮油食品、纺织纤维类商品和精密仪器仪表等都应投保水渍险。 （ ）

5. 正常运输是指按照正常的航程、航线行驶并停靠港口，自被保险货物运离起运地发货人仓库开始，直到货物到达目的地收货人仓库为止。 （ ）

6. 附加险是附加在基本险（主险）的后面，投保人在选择险别时，应根据转嫁风险的需要，既可以选择一种附加险，也可以选择多个附加险。但是应投保人的要求，附加险也可以单独承保。 （ ）

7. 保险条款中所指的“提货不着”，是指收货人在目的地未能提取整件货物或全部货物。偷窃、提货不着属于特别附加险的范畴。 （ ）

8. 附加险条款中的淡水损失是相对海水损失而言的，平安险和水渍险仅对海水所致的损失承担责任。 （ ）

9. 租船运输没有预定的船期表，只根据承租人的需要与出租人签订租船合同安排运输事宜。租船运输主要是从事货量大、运费负担能力较小的大宗货物的运输。 （ ）

10. 我国海上货物运输保险条款是参照伦敦协会货物运输旧条款制定而成的，基本险有平安险、水渍险、一切险三种和特殊附加险。 （ ）

11. 一切险中的保险责任所指的“外来原因”并非运输途中的一切外来风险，而是一般附加险中的11种风险。 （ ）

12. 交货不到险是指从被保险货物装上船舶开始，5个月以内不能运到目的地的交货，保险人将按全部损失赔偿。 （ ）

13. 海上运输冷藏货物保险承保海运冷藏货物因自然灾害、意外事故或外来原因造成冷藏货物的腐烂从而造成的损失，可分为冷藏险和一切险两类。 （ ）

14. 伦敦协会货物条款中的恶意损害险条款是（A）险、（B）险和（C）险的附加条款。由于任何个人或数人非法行动故意损坏或故意破坏保险标的或其任何部分的损失或费用由附加险承保。 （ ）

15. 无论灭失与否条款一方面是指双方在签订保险合同时，保险标的实际上已经灭失，事后才被发现，保险人仍负责赔偿；另一方面是指保险标的事实上已经安全到达目的港，事后才知道保险人不退还已收取的保险费。 （ ）

四、单项选择题

1. 我国海上货物运输保险条款的保险责任范围从小到大排列，正确的是__________。

A. 水渍险，一切险，平安险　　B. 平安险，一切险，水渍险

C. 平安险，水渍险，一切险　　D. 水渍险，平安险，一切险

2. “仓至仓”条款规定，被保险货物运抵卸货港口，并全部卸离船舶后，未被收货人立即运到自己的仓库，保险责任可以从货物全部卸离船舶时起算满__________日终止。

A. 30　　B. 60

C. 90　　D. 180

3. 按照有关规定，如果被保险货物遭受偷窃行为从而导致损失，被保险人必须在提货后＿＿＿＿＿日内申请检验。

A. 5　　B. 10

C. 15　　D. 30

4. 海上运输货物保险对货物的偷窃做了明确的解释，一般附加险中有一条“偷窃、提货不着险”，其中的“偷”是指＿＿＿＿＿。

A. 整件货物被偷走　　B. 整件货物中一部分被窃取

C. 公开的使用暴力手段劫夺　　D. A 选项和 B 选项均是

5. 海上运输货物战争险的保险期限与海上运输货物保险基本险的责任期限不一样，前者采用的是＿＿＿＿＿。

A. “仓至仓”条款

B. “舱至舱”条款

C. 从货物装上船舶或驳船开始负责到卸离船舶或驳船为止

D. 从货物离开仓库或储存地方开始负责到达新仓库或储存地点为止

6. 我国海上运输货物保险条款中的水渍险的责任范围大于平安险，但小于一切险的责任范围。水渍险的责任范围是＿＿＿＿＿。

A. 平安险的各项责任加上由于海上自然灾害造成的部分损失

B. 只对货物遭受海水损失予以赔偿

C. 只对单独海损负责赔偿

D. 只要是单独海损都是责任范围

7. 交货不到险是指保险货物装上船舶时开始，不论由于何种原因，如保险货物不能在预定抵达目的地日期起＿＿＿＿＿以内交货，保险人将赔付全部损失，该货物的全部权益应转移给保险人。

A. 1 个月　　B. 3 个月

C. 6 个月　　D. 9 个月

8. 我国海上运输货物保险条款中的附加险包括一般附加险、特别附加险和特殊附加险三种。有关特殊附加险的叙述中，错误的表达是＿＿＿＿＿。

A. 特殊附加险包括战争险和罢工险

B. 被保险人投保了战争险，加保罢工险，保险人不另外收费

C. 被保险人只投保罢工险，按战争险费率缴付保险费

D. 海上运输货物战争险的保险期限是“仓至仓”条款

9. 投保了海上运输货物短量险的货物，如果其包装无破裂、扯缝等异常情况而发生的短量，则保险人＿＿＿＿＿赔偿责任。

A. 承担　　B. 不承担

C. 按比例承担　　D. 以上皆不对

10. 对于装载于舱面的货物来说，投保人只有投保了附加险，才能得到保险的保障。如果是雨淋所致损失，应该由__________承担赔偿责任。

A. 舱面险　　B. 水渍险

C. 淡水雨淋险　　D. 受潮受热险

11. 伦敦协会货物保险新条款（1/1/2009）（A）险条款的保险责任范围不包括__________。

A. 恶意损害行为造成的损失　　B. 海盗行为造成的损失

C. 罢工造成的损失　　D. 共同海损造成的损失

12. 出口货物到香港或澳门存仓火险责任扩展条款的保险责任期限：从货物运入过户银行指定的仓库时开始，直到过户银行解除货物权益或运输责任终止时起计算满__________为止。

A. 30 天　　B. 15 天

C. 45 天　　D. 10 天

13. 根据运输合同中订有的船舶互撞责任条款的规定，保险人赔偿被保险人在该条款中应承担的赔偿责任。当承运人根据该条款进行索赔时，被保险人同意通知保险人为被保险人进行辩护，辩护费用由__________支付。

A. 货主　　B. 被保险人

C. 船主　　D. 保险人

14. “恐怖主义行为或与恐怖主义行为相联系，任何组织通过暴力直接实施的旨在推翻或影响法律上承认的或非法律上承认的政府的行为”，保险人不予赔偿。这一除外责任属于__________。

A. 特殊除外责任条款　　B. 战争除外责任条款

C. 罢工除外责任条款　　D. 一般除外责任条款

15. 保险人在承保时，要检查被保险人是否持有进口所需要的一切许可证，以避免发生因无证不准进口而产生的__________。

A. 交货不到风险　　B. 偷窃、提货不着风险

C. 交货落空风险　　D. 交货延迟风险

五、多项选择题

1. 英国协会（A）险条款的保险责任范围包括__________。

A. 恶意损害行为造成的损失　　B. 海盗行为造成的损失

C. 罢工造成的损失　　D. 战争行为造成的损失

E. 共同海损造成的损失

2. 英国于 1983 年制定了伦敦协会定期船舶保险新条款。该条款一经问世，便受到世界各国的广泛关注。其具有以下特征：__________。

A. 采用列明风险的做法　　B. 增加了有关法律适用的规定

C. 扩大了承保责任范围　　D. 调整了排列顺序

3. 我国海上货物运输保险条款参照了伦敦协会货物运输旧条款制定而成。其分基本险和附加险。基本险包含＿＿＿＿＿＿。

A. 平安险　　B. 水渍险

C. 雨淋险　　D. 盗窃险

E. 一切险

4. 我国海上货物运输保险条款分为基本险和附加险，其中附加险包括＿＿＿＿＿。

A. 一般附加险　　B. 特别附加险

C. 特殊附加险　　D. 专门附加险

5. 我国海上运输货物的一般附加险承保一般外来原因造成的货物损失。一般附加险的种类繁多，其中包括＿＿＿＿＿＿。

A. 偷窃、提货不着险　　B. 舱面险

C. 串味险　　D. 受潮受热险

E. 短量险

6. 与其他保险合同一样，海洋货物运输保险合同对被保险人规定了权利和义务。被保险人除了履行缴付保险费的义务，还规定了＿＿＿＿＿＿的义务。

A. 如实告知　　B. 遵守安全运输规定

C. 及时通知和迅速施救　　D. 提供灾害事故原因、损失情况

E. 向第三者责任提出索赔　　F. 充分利用损余物资

7. 伦敦协会货物保险新条款（1/1/2009）（A）险中的一般除外责任条款规定：由于＿＿＿＿＿＿破产或经济困难造成的损失或费用，保险人不予赔偿。

A. 经理人　　B. 船舶代理人

C. 承租人　　D. 经营人

E. 船舶所有人

8. 伦敦协会货物保险新条款（1/1/2009）（A）险中的风险条款规定：保险人对＿＿＿＿＿＿负责赔偿。但是如果共同海损是因除外风险责任引起的，保险人不予赔偿。

A. 共同海损分摊　　B. 共同海损牺牲

C. 部分损失分摊　　D. 救助费用

9. 由于伦敦协会货物保险新条款（1/1/2009）（A）险中的承保责任范围较广，不便把全部承保风险逐项列举，于是采用了除外责任以外的风险全部承保的方式表述。其中，承保的风险只列明了＿＿＿＿＿＿。

A. 风险条款　　B. 共同海损条款

C. 船舶互撞责任条款　　D. 单独海损条款

10. 海上运输冷藏货物保险承保海运冷藏货物因自然灾害、意外事故或外来原因造成冷藏货物的腐烂而导致的损失。海上运输冷藏货物保险分为＿＿＿＿＿。

A. 冷藏险　　　　B. 冷藏平安险

C. 冷藏水渍险　　　　D. 冷藏一切险

六、思考题

1. 谈谈我国货物运输保险的基本险的险别。

2. 简述我国货物运输保险条款中平安险的保险责任。

3. 列举我国货物运输保险水渍险的除外责任。

4. 如何区分我国货物运输保险条款中一般附加险与特别附加险？

5. 分析伦敦协会条款 ICC（A）险与我国货物运输保险中一切险的共同点与不同点。

七、案例分析题[①]

2002 年 1 月 4 日，中国人民保险公司上海市分公司（以下简称上海人保）就“仲宇”轮的保险向上海中福轮船公司（以下简称中福轮船）开具定期“沿海内河船舶保险单”，载明被保险人为中福轮船，险别为一切险。保单中一切险条款约定，保险人承保因碰撞、触碰等事故引起船舶倾覆、沉没，造成的船舶全损或部分损失，但对于船舶不适航造成的损失不赔偿，被保险人应当确保船舶的适航性，否则保险人有权终止合同或拒绝赔偿。双方约定的保险价值和保险金额均为人民币 280 万元，保险期限为 2002 年 1 月 10 日 0 时起至 2003 年 1 月 9 日 24 时止。同年 5 月 26 日 2 时左右，“仲宇”轮在宁波至上海航行途中不慎触碰水下障碍物，致货舱进水沉没。

该轮载重 1 300 吨，核定舱载量为前货舱 655 吨，后货舱 645 吨。“仲宇”轮装载 1 260 吨货物（前货舱约 510 吨，后货舱约 750 吨）从宁波北仑港出发驶往上海港，宁波海事局签发了出港签证。该轮行至乌龟岛附近水域时沉没。其船舶国籍证书、船舶检验证书、船舶营运证书均在有效期内。吴淞海事处的“水上交通事故

① 上海中福轮船公司诉中国人保上海公司沿海内河船舶保险单纠纷［EB/OL］.（2010-04-07）［2018-03-01］. http://news.sol.com.cn/html/2010-04-07/A5DB1636669966B9F.shtml.

责任认定书”认定：“由于了望疏忽，对流压估计不足及操纵不当，船舶右舷中后部触碰水下障碍物，导致二舱破损进水，致使船舶沉没。”但上海人保认为，“仲宇”轮后货舱超载约 105 吨，船舶沉没是其本身不适航所致，并且中福轮船不是该轮所有人，无可保利益。双方争执因而起诉到法院。

保险公司是否承担赔偿责任？

第十章 海上船舶保险

一、填空题

1. ________ 是指在运送旅客的同时，还载运相当数量的货物，并以载客为主，载货为辅。其一般有 2~3 个货舱，通常设计为“两舱不沉制”，并为定期定线航行，其结构与安全设备均应按客船标准。

2. ________ 一般是指定期航行于货运繁忙的航线，以装运零星杂货为主的船舶。船上配有足够的起吊设备，船舶构造中有多层甲板把船舱分隔成多层货柜，以适应装载不同货物的需要。

3. ________ 是承保船舶在航行或停泊期间遭受的自然灾害和发生的各种意外事故造成的损失。

4. 有形标的就是各种船舶。船舶是保险的主要保险标的。它包括船壳或船体、引擎、锅炉、发电机以及其他机器设备、燃料和物料。________ 是指与船舶有关的利益和责任。

5. ________ 货舱内装载集装箱的结构为可拆装式的。因此，它既可装运集装箱，必要时也可装运普通杂货。

6. 一般认为，________ 是现代海上保险的鼻祖。劳氏 S.G.保险单于 1779 年开始在伦敦保险市场上采用，于 1795 年在英国取代所有的海上保险单，成为船舶与货物运输保险的标准海上保险单。

7. 船舶保险一般分定期保险和航次保险两种。________ 起止时间以保险单上注明的日期为准。保险到期时，如果被保险船舶尚处于危险之中，或者在避难港或中途港停靠，经被保险人事先通知保险人并按日比例加付保险费后，保险继续负责到船舶抵达目的港为止。

8. 如果船舶保险金额高于船舶分摊价值，保险公司对船舶分摊的部分全部予以赔付。如果保险金额 ________ 分摊价值，保险公司按保险金额与分摊价值的比例进行赔付。

9. 1983 年，英国伦敦保险协会的船舶保险条款将保险人对于被保险人的碰撞赔偿责任的赔偿范围规定为被保险人支付给第三者的损害赔偿数额的 ____________。

10. __________（China Classification Society）成立于 1956 年，是中国唯一从事船舶入级检验业务的专业机构。

11. 世界上第一家 ________ 是在 18 世纪末成立的，其目的是为船东提供海上保险，包括船东责任险。

二、名称解释

1. 有形标的

2. 无形标的

3. 船舶适航

4. 船舶入级

5. 中国船级社

三、是非判断题

1. 船舶保险属于财产保险的范畴，是海上保险的一个重要险种。在现代商业保险中，船舶保险是最早以保险合同文件确立保险人与被保险人之间的法律合同关系的险种。因此，船舶保险是海上保险的鼻祖。（ ）

2. 可变装箱船是专门用以装运集装箱的船舶。货舱内有格栅式货架，装有垂直导轨，便于集装箱沿导轨放下，四角有格栅制约，可防倾倒。其舱内可堆放 3~9

层集装箱，甲板上还可堆放 3~4 层集装箱。（　　）

3. 集装箱船的特点是装卸效率高，能减少货损货差。尽管集装箱船的发展只有 40 多年，但发展势头强劲。目前，世界上最大的集装箱船的装载已超过一万个 TED（20 英尺标准箱），造价高达数亿美元。（　　）

4. 船舶保险标的包括无形标的和有形标的。船舶所有人或承租人运送自己货物所得的利益以及第三者给付的运费属于有形标的。（　　）

5. 根据船级来决定运费和保险费的高低，国际贸易中还规定，只有获得船级的船舶才能承运货物，租船人也可根据船级证书了解船舶的技术状态，以决定是否租用。（　　）

6. 船舶保险只承保适航的船舶，如果船舶在保险责任开始前已不适航，即使保险合同已经签订，保险合同也无效。（　　）

7. 世界上许多国家都有办理船舶入级的机构，其中最著名的是美国船级社和法国的威里塔斯船级社。（　　）

8. 在出口货物运输险中，由于保险单仅作为对外贸易结算的单证之一，货物保险单可以转移。当然，船舶保险单也能随船舶所有权的转移而转移。（　　）

9. 载货船舶的保险责任自起运港装货时开始，直到目的港卸货完毕时终止。自保险责任开始，航次保险一律不办理退保和退费。（　　）

10. 保险人可以接受也可以拒绝委付通知。若不接受委付，保险人仍按全损赔付，但不承担财产所有权以及由此引起的各种义务和责任。（　　）

11. 船舶保险一切险除负责全损险责任范围内保险责任外，还包括部分损失以及碰撞责任、共同海损分摊，但不包括救助费用和施救费用。（　　）

12. 共同海损分摊是指发生危及船舶、货物共同安全的事故，经过抢救脱险，保险公司负责赔偿船舶应摊付的各项共同海损损失和费用。船舶对共同海损的分摊以船舶共同海损分摊价值为标准。（　　）

13. 1993 年，英国制定了伦敦协会定期船舶保险新条款，简称 ITC 新条款，并于同年 10 月 1 日正式启用。（　　）

14.《伦敦协会船舶保险条款》仅对船舶实际或推定全损，或者在实际或推定全损的前提下，有关施救费用的索赔不扣免赔额。（　　）

15. 被保险船舶发生碰撞事故沉没于港口航道中，有关当局会责成船舶所有人打捞船舶残骸，以清理航道，清理航道的费用由保险人承担。（　　）

四、单项选择题

1. 船舶保险的承保标的分为有形标的和无形标的两种。属于无形标的物的是__________。

A. 引擎　　B. 锅炉

C. 通信装置　　D. 预期利润

2. 用于装载日用百货、食品等杂货，也可装载谷物、煤炭、木材等散杂货，还能运送集装箱的船舶被称为__________。

A. 冷藏船　　B. 杂货船

C. 液态货船　　D. 散装货船

3. __________主要用于装载液体石油、液化气以及液体化学品等。这些物品大多易燃、易爆，有的还有剧毒。因此，这种船舶都经过专门设计，配备有特殊设备，以保证运输的安全。

A. 冷藏船　　B. 液态货船

C. 液货船　　D. 散装货船

4. __________主要运送散装石油类货物，其特点多为单甲板、尾机型、双层底，不设大舱口，有众多的管系和阀门，液体要通过管道进行装卸。由于世界各国对能源的需求越来越大，世界上该类船的船队约占商船船队总吨位的40%，居各类船舶的第一位，单船最大载重量已达56万吨。

A. 冷藏船　　B. 液态货船

C. 液货船　　D. 油船

5. 船级证书是证明船舶具备安全航行技术条件的文件，有效期为__________，期满时需再申请检验，以决定是否保持船级。

A. 4年　　B. 2年

C. 3年　　D. 5年

6. __________是国际船级社协会（IACS）正式会员之一，并先后于1996—1997年、2006—2007年担任IACS理事会主席。其最高船级符号被伦敦保险商协会纳入其船级条款，享受保费优惠待遇。

A. 劳合社船级社　　B. 中国船级社

C. 俄罗斯船级社　　D. 法国威里塔斯船级社

7. 出口货物运输保险按某一航程来划分，即从发货人仓库起到收货人仓库止。船舶保险可分为__________的定期险和以航程为单位的航次保险。

A. 以年为单位　　B. 以月为单位

C. 以季为单位　　D. 以半年为单位

8. 定期险期限最长为1年，以保单注明日期为准。如果保险到期时被保险船舶还处在航行途中或危险当中，须事先通知保险人，并__________缴付保费。在这种情况下，保险人可继续负责船舶抵达目的港。

A. 按年比例　　B. 按月比例

C. 按日比例　　D. 按季比例

9. 被保险船舶在船厂修理或装卸货物，或者在保险人同意的水域停泊超过30天时，停泊期间的保费按净保费的__________退还被保险人，但这一条不适用船舶全损。

A. 月比例的25%　　B. 月比例的50%

C. 日比例的25%　　D. 日比例的50%

10. 载货船舶自起运港装货时开始直到目的港卸货完毕时终止，但自船舶抵达目的港当日午夜零点起最多不超过________。自保险责任开始，航次保险一律不办理退保和退费。

A. 60 天　　B. 30 天

C. 20 天　　D. 15 天

11. 船舶全损险分为实际全损和推定全损两种。________是指船舶发生事故后，船舶的实际全损已不可避免，或者恢复、修理、救助的费用，或者这些费用的总和超过船舶的保险价值。

A. 部分全损　　B. 实际全损

C. 委付　　D. 推定全损

12. 以英国伦敦保险协会的船舶保险条款为例，该协会 1983 年修订的新船舶保险条款，将保险人对于被保险人的碰撞赔偿责任的赔偿范围规定为被保险人支付给第三者的损害赔偿数额的________，其余部分由船东相互保险组织承担。

A. 3/4　　B. 1/2

C. 1/4　　D. 3/4

13. 保险人对共同海损分摊的核定是以船舶共同海损分摊价值为准的。如果船舶保险金额高于船舶分摊价值，保险公司对船舶应分摊的部分________赔付。

A. 比例　　B. 不足额

C. 足额　　D. 分担

14. 救助是指被保险船舶发生保险事故后，由第三者提供帮助并取得成效，保险人对救助费用的赔偿和船舶损失赔偿加在一起，以________为限。

A. 保险金额　　B. 保险价值

C. 实际费用　　D. 实际损失

15. 保赔协会是伦敦海上保险市场运作最重要的相互保险合作集团，也是船东之间的相互保险组织。伦敦依然是世界上重要的海上保赔协会中心，保赔协会全球业务量的________来自伦敦。

A. 50%　　B. 70%

C. 80%　　D. 60%

五、多项选择题

1. 并非所有的船舶都是船舶保险的对象。船舶保险承保的船舶是从事海上运输和海上作业的商船和民用船，以民用运输为主。商船可分为________等。

A. 运输船舶　　B. 工程船舶

C. 供应船舶　　D. 渔业船舶

E. 海洋开发船舶

2. 货船可分为定期货船和不定期货船两种。集装箱船可分为________。

A. 部分集装箱船　　B. 可变换集装箱船

C. 全集装箱船　　　　　　　　　　D. 不可变换集装箱船

3. 船舶入级是由船东提出申请，经过船级社或船舶检验局的入级检验，检验合格则取得船级，并被授予船级证书。根据我国船舶入级的规定，凡是__________等方面都符合规范的船舶，均可取得船级证书。

A. 船体强度　　　　　　　　　　B. 船舶设备

C. 载重量　　　　　　　　　　　D. 乘员定额

E. 船舶性能　　　　　　　　　　F. 船主素质

4. 船级证书是证明船舶具备安全航行技术条件的文件，过了几年要检查一次，期满时需再申请检验，以决定是否保持船级。有下列情况之一，即被认为失去船级：__________。

A. 船舶未按时交验而使证件过期或证件缺少

B. 在发生海损事故后，未判明损坏性质

C. 船舶的技术状态、附属品及装备恶化

D. 修复了船舶原有结构而未经船舶检验局的同意

5. 船舶保险是指以各种船舶及其附属设备为保险标的并承保其相关责任的一种保险。船舶保险的承保标的分为有形标的和无形标的两种。其中，有形标的包括__________。

A. 船壳或船体　　　　　　　　　B. 引擎、锅炉、发电机等

C. 附属器具　　　　　　　　　　D. 船上的特殊设备

E. 船东责任

6. 船舶保险是指以各种船舶及其附属设备为保险标的并承保其相关责任的一种保险。船舶保险的承保标的分为有形标的和无形标的两种。其中，无形标的包括__________。

A. 运费　　　　　　　　　　　　B. 经营费用和保险费

C. 预期利润　　　　　　　　　　D. 义务

E. 责任

7. 船舶保险是承保船舶在航行或停泊期间发生的各种事故相关责任的一种保险。船舶保险的特点是__________。

A. 属于财产保险的一种　　　　　B. 可以随保单转移

C. 不能随便转移　　　　　　　　D. 属于高风险业务

E. 分为定期保险或航次保险

8. 我国货物运输保险可分为基本险、附加险和专门险三种。我国船舶保险基本险包括__________。

A. 全损险　　　　　　　　　　　B. 战争险

C. 罢工险　　　　　　　　　　　D. 一切险

9. 船舶保险责任的终止是指船舶保险合同不再承担相应的责任，具体情况如下：__________。

A. 按全损赔付后，保险责任自动终止

B. 船舶的船级社变更、注销或撤回等，保险责任终止

C. 船舶载货或正在海上时，保险责任终止

D. 船舶光船出租他人使用或船舶被当局征用，保险责任终止

10. 英国于 1983 年制定的伦敦协会定期船舶保险新条款一经问世，受到世界各国的广泛关注。具有以下特征：__________。

A. 增加了有关法律适用的规定

B. 采用列明风险的做法

C. 扩大了承保责任范围

D. 调整了排列顺序

11. 我国船舶保险单规定，在偿付保险责任项下赔款时，每起事故要扣除保单上定明的免赔额，但__________以及船舶发生实际或推定全损不扣除免赔额。

A. 碰撞责任　　B. 单独海损

C. 救助费用　　D. 施救费用

E. 共同海损

12. 保赔保险是海上保险的内容之一，但与普通商业保险有明显的差别。因此，船舶保赔协会具有自身的特点，包括__________。

A. 船东保赔保险是一种互保性质的保险

B. 保赔保险是非营利性保险

C. 船东保赔保险有最高赔偿限额的规定

D. 船东保赔保险没有最高赔偿限额的规定

E. 保赔保险承保的是一种责任险

13. 中国船东互保协会是经中国政府批准的船东互相保险的组织，于 1984 年 1 月 1 日在北京成立。中国船东互保协会目前能同时向会员提供__________。

A. 保赔保险　　B. 船舶保险

C. 战争险　　D. 租船人责任保险

E. 抗辩责任险　　F. 罢工险

六、思考题

1. 船舶保险的无形标的包括哪些？

2. 船舶保险的有形标的包括哪些？

3. 简述船东加入船级社的意义。

4. 简述船舶保险的特点。

5. 谈谈船东保赔保险产生的背景。

七、计算题

一艘小货船在进入珠江港时与一艘大货船发生了碰撞，双方各有责任，小货船负主要责任，大货船负次要责任，小货船承担 60%的过失责任，大货船承担 40%的过失责任。大货船损失财产 50 000 元，小货船损失财产 30 000 元，用单一责任制方法和交叉责任制方法计算两船具体的实际损失及赔偿额。

八、案例分析题[①]

1999 年 3 月 25 日，海南华联轮船公司所属的“M. V. QINHAI 108”（“琴海 108”）轮载运广西国际合作经贸公司购买的 2 000 吨四海牌棕榈油，价格为成本加保险费加运费（CIF），每吨 455. 50 美元，总价 91. 1 万美元，货物自马来西亚驶往中国北海港。途中船舶主机发生故障，船舶向南漂航，漂航速度为 2. 5~3 节。主机发生故障后船员即投入抢修，但因条件所限，经过两天多时间的抢修，仍无法修复主机。为了船货共同安全，4 月 7 日 20:20 时许，船舶发出求救信息，当时船位为北纬 12°09′，东经 109°29′。4 月 8 日 2:18 时至 15:7 时，越南芽庄港派出的“CNT700”号拖轮将“琴海 108”轮拖进越南金兰湾港锚地抛锚，地点为北纬 11°53. 12′，东经 109°09. 24′。越南方面收取了拖轮费、救助费 8 万美元。由于能力及条件所限，在金兰湾锚地仍无法将主机修复。5 月 10 日，海南华联轮船公司委托的代理人拉法斯船舶管理服务私人有限公司与广州海上救助打捞局（以下简称广州救捞局）签订一份拖轮租船合同，租用广州救捞局的拖轮将“琴海 108”轮拖至中国北海港。在北海港，验船师检验认定主机不能启动的原因是各缸的空气启动阀启动活塞的密封环失去弹性，气密较差，已存在隐患，再加上第七缸启动空气阀阀盘断裂，该气缸完全失去气密，导致进入各缸的启动空气压力不足而无法启动。

5 月 14 日，“穗救 205”号拖轮开始拖带作业。5 月 17 日，“琴海 108”轮被拖至北海港锚地。该拖带费用总计 5. 5 万美元。5 月 22 日 8:30 时开始卸货，5 月 25 日 4:30 时卸货毕。海南华联轮船公司以未收到货方的共同海损担保为由留置所运

① 海南华联轮船公司诉广西国际合作经贸公司等共同海损分摊案［EB/OL］.（2014-03-12）［2018-03-01］. http://www.pkulaw.cn/Case/pfnl_117486224.html.

货物。

1999 年 5 月 20 日，中保财产保险有限公司广西壮族自治区分公司（被告广西人保的前身）向原告（海南华联轮船公司）出具共同海损担保函，承诺“如果共同海损牺牲或费用被证明是因共同海损行为而合理产生的，并且经确认下述货物应参加分摊，我司保证支付相应的共同海损分摊金额”。该担保函是为被告广西国际合作经贸公司担保的，货物为自马来西亚到中国北海的 1 857.4 吨四海牌棕榈油，发票金额为 846 045.7 美元。

海南华联轮船公司委托中国国际贸易促进委员会海损理算处对“琴海 108”轮进行共同海损理算，该处于 1999 年 10 月 31 日出具了共同海损理算书。根据该理算书，可认共同海损的费用总额为 183 121.99 美元，该费用的利息及手续费为 8 176.25 美元，共同海损理算费为 6 120 美元，总计 197 418.24 美元，其中船方应分摊 38 796.02 美元，货方应分摊 158 622.22 美元。虽经海南华联轮船公司催讨，但广西国际合作经贸公司、中保财产保险有限公司广西壮族自治区分公司却拒不履行分摊义务，故诉请法院判令广西国际合作经贸公司、中保财产保险有限公司广西壮族自治区分公司分摊该共同海损费用，被告广西人保承担连带责任，并由两被告承担本案诉讼费用。

广西国际合作经贸公司或保险公司是否承担赔偿责任？为什么？

第三部分

海上保险习题集参考答案

第一章　海上保险概述

一、填空题

1. 无抵押贷款
2. 外来风险
3. 浪击落海
4. 外来的、突然的、非意料中的
5. 触礁
6. 机械舱室
7. 化学爆炸
8. 抛弃
9. 国际性的
10. 《罗第安法》

二、名称解释

1. 海上风险：海上风险一般是指船舶、货物在海上运输过程中发生损失的不确定性和可能性。具体来说，海上风险是指与海上货物运输有关的海上自然灾害和意外事故。

2. 定值保险：定值保险是指保险人与被保险人事先对保险标的约定一个价值，按照该约定价值确定保险金额作为保险人收取保费和保险标的发生保险责任范围内的损失进行计算赔款的依据。

3. 不定值保险：不定值保险是指保险人与被保险人双方对保险标的事先不约定保险价值，保险合同上只注明保险金额，保险费依据保险金额计算。保险人对保障事故损失的赔偿，一般以保险标的发生损失时的实际价值为准。

4. 航程保险：航程保险是指按保险合同规定保险人只负责指明的港口之间的一次航程，单程、往返程或多次航程为责任起讫。

5. 定期保险：定期保险承保一定航期内保险标的遭受风险损失。船舶保险一般采用定期保险，保险期限可由保险合同的双方协商确定，绝大部分是一年，也可以是半年或三个月，其保险责任起讫同其他保险一样，通过约定载于保险单上。

三、是非判断题

1. YES　2. NO　3. YES　4. YES　5. YES　6. NO　7. YES　8. NO　9. NO
10. YES　11. NO　12. YES　13. NO　14. YES　15. NO

四、单项选择题

1. D　2. D　3. B　4. B　5. B　6. D　7. B　8. A　9. D　10. C
11. C　12. B　13. A　14. C　15. C

五、多项选择题

1. ABCDE　2. ABD　3. ABCD　4. ABCD　5. ABDEF　6. ABC　7. ABC
8. AB　9. ABCD　10. CD

六、思考题

1. 为什么海上保险的承保风险具有多变性?

海上保险的保障对象具有多变性，主要指海上货物运输保险中的被保险人是可变的。海上保险承保的货物是国际贸易中的买卖货物，国际贸易的目的不仅是实现货物的使用价值，更重要的是实现货物的保值或货物的增值。这种独特的贸易目的决定了货物在运输过程中频繁易手，不断变换其所有人。货物所有者的不断更换，必然引起货物运输保险的被保险人不断变化。在这种情况下，货物所有人或被保险人是谁，不能作为保险人确定是否承保以及采用什么条件承保的依据。因此，货物运输保险单可以随着保险标的物的转让而转让，也不需要征得保险人的同意，只要原被保险人在保险单上背书即可。

2. 与海上保险有关的自然灾害包括哪几种?

自然灾害一般是指不以人的意志为转移的自然力量所引起的灾难。在海上保险中，它并不是泛指一切由于自然力量造成的灾难，而且在不同国家或同一国家的不同时期对自然灾害的解释也有所不同。一般而言，自然灾害是指恶劣气候、雷电、地震、海啸、浮冰和洪水等发生在海上（或与海相通的水域）的、人力不可抗拒的自然界破坏力量造成的灾害。

3. 谈谈发生在我国沿海城市的几种主要海洋灾害，哪些灾难与海上运输有关，哪些灾难与海上运输无关?

我国沿海城市的几种主要海洋灾害包括风暴潮、赤潮、海岸侵蚀、海雾、海水入侵、沿海地面下沉、海上溢油、海平面上升、外来物种入侵。在这几种海洋灾害中，与海上运输有关的是海雾和海上溢油。海雾由海面低层大气中水雾凝结所致，通常呈乳白色，产生时常使海面能见度降到 1 千米以下。海雾是一种危害很大的海洋灾害，无论在海上还是在海岸带地区，海雾都因其大大降低能见度而对交通运输、渔业捕捞和养殖、海上油气勘探开发以及军事活动等造成不利影响。海上溢油是指在海上作业或航行过程中发生的石油泄露事件。2004 年 12 月 7 日，巴拿马籍集装箱船和德国籍集装箱船在珠江口发生碰撞，其中德国籍船舶的燃油舱破损，约 1 200 吨燃油溢漏，在海上形成了长 9 海里、宽 200 米的油带，造成我国近年来较大的一次海洋污染事件。

4. 为什么意大利是海上保险的发源地？

（1）历史：中世纪初叶，欧洲最富有的国家是东罗马帝国。同时，古罗马盛行的船舶和货物抵押借款形式的早期海上保险仍在意大利沿用。11 世纪末，由于军事原因，意大利的比萨、热那亚、威尼斯等城市为军队提供海运船只和海军。威尼斯、佛罗伦萨、热那亚、比萨的商人控制了东方和欧洲的中介贸易，成为当时世界银行业、商业和海上保险业的中心。

（2）数据：1347 年 10 月 23 日，世界上发现的最早的保险单——比萨保险单在热那亚出现。1393 年，在意大利佛罗伦萨签订的一张保险单把“海上灾害、天灾、火灾、抛弃、王子的禁制等”列为承保的风险责任，这张保单具有现代保险单的格式。莎士比亚在《威尼斯商人》中就描写了当时海上保险及其种类。1424 年，第一家海上保险公司在热那亚成立。

综合以上历史和数据分析，意大利是海上保险的发源地。

5. 为什么英国成为现代海上保险发展的中心？

（1）经济环境：16 世纪以后，英国的对外贸易迅速发展，带动了经济的发展。17 世纪初期，英国的资产阶级革命促进了本国资本主义的发展，同时开始了向国外大规模殖民掠夺，使英国逐步成为世界贸易和航运业占垄断优势的殖民帝国，相应地也为其创造了世界海上保险盟主的有利条件，商人提出了设立专营海上保险垄断组织的要求。

（2）法律环境：1574 年，在伦敦皇家保险交易所内设立保险商会，办理所存保险单的登记，并参照安特卫普法令及交易所的习惯制定标准保险单。1601 年，伊丽莎白女王制定第一部有关海上保险的成文法——《涉及保险单的立法》，并规定在保险商会内设立仲裁庭，以解决海上保险的争议案件。1720 年，英女王授予“皇家交易所”与“伦敦保险公司”经营海上保险的权利，其他公司和合伙组织不得经营海上保险。1871 年，英国议会通过《劳埃德法案》，以法律的形式确定劳埃德是一个私人承保人社团，称之为“伦敦劳合社”，其从此获得法人资格。1906 年，英国修订和制定了《海上保险法》，《海上保险法》的出台促进了整个世界海上保险事业的发展。

（3）人才优势：14 世纪以后，意大利北部城市兵荒马乱，战乱不堪，经营海上保险的人才逃离家园。随着人才的流失，海上保险自意大利经葡萄牙、西班牙传到了荷兰及英国。善于经商的伦巴第人移居到英国，并操纵了伦敦金融市场和海上保险市场。今日伦敦的保险中心伦巴第街就是因当时意大利伦巴第商人聚居而得名的，伦敦的伦巴第大街就是意大利海上保险在英国开始的历史见证。

综合以上分析，英国成为现代海上保险发展的中心有足够的说服力。

6. 定期保险和航程（次）保险有哪些不同？

定期保险承保一定航期内保险标的遭受风险损失。保险期限可由保险合同的双方协商确定，绝大部分是一年，也可以是半年或三个月，其保险责任起讫同其他保险一样，通过约定载于保险单上。航程（次）保险是指按保险合同规定保险人只负责指明的港口之间的一次航程，单程、往返程或多次航程为责任起讫。货物运输保险及不定期航行的船舶往往采用这种保险。

七、案例分析题

事故原因分析：鱼粉属于第4.2类中的易自燃物质，联合国编号为1374。鱼粉未经过抗氧化处理时容易引起自燃，其主要成分是粗蛋白、粗脂肪、水分、磷酸钙等。其中含粗蛋白33.8%~59%，含油脂14%左右。油脂的主要成分是多种脂肪酸的甘油三酯，系高度的不饱和脂肪酸。它能发生多种化学反应，如氧化、卤化、碳化、热解等，其中氧化反应最容易引起自燃。鱼粉在光线、空气、温度和水分作用下，很容易发生氧化，生成氧化物和过氧化物。在氧化过程中产生的热量如不能及时散发，就会引起自燃。因此，鱼粉要投入运输，必须经过抗氧化处理，并储于阴凉、通风、干燥的场所。

"柳林海"号在秘鲁装货时，正值秘鲁的夏季，天气湿热，因此鱼粉容易积热，船舱内的通风散热条件较差，尤其在靠近机舱部位，更容易积聚热量。这批鱼粉可能在生产过程中干燥、浓缩、脱脂等工艺不完善，不能抑制微生物的生长、繁殖，因而运途中发生自燃。

案例评议：由于远洋船舶航程远、航行时间长、船舱的条件相对封闭，因此鱼粉自燃绝大部分发生在运输途中。但港口储存期间有时也发生自燃现象。鱼粉自燃时，喷洒灌注二氧化碳灭火是一项有效措施。在无法彻底灭火时，封舱也能达到控制火灾的目的。"柳林海"号在海上采取的自救措施是完全正确的。问题发生在该轮抵达之后，港口方面对鱼粉自燃的特性显然认识不足，仅仅凭肉眼观察就以为火已扑灭，不做遇难船舶抢险作业安排，留下了安全隐患。如果当时立即组织卸货，并在作业现场做好消防灭火的准备，下舱工人做好安全防护工作（舱内可能充斥着二氧化碳及其他对人体有害的气体、烟雾和粉尘），在有明火处所先灭火，后卸货；在无明火情况下边卸货，边寻找可能存在的火源，完全可以避免发生第二次火灾。

第二章　海上保险遵循的原则

一、填空题

1. 海上保险原则
2. 保险金额
3. 被保险人
4. 道德危险
5. 《海上保险法》
6. insurance
7. 法律上

8. 报酬
9. material
10. 默示保证

二、名称解释

1. 最大诚信原则：最大诚信原则又称为最高诚信原则。它要求签订保险合同的各方当事人均必须最大限度地按照诚实与信用精神协商签约。诚信就是各方当事人都必须把各自知道的有关事实告知对方，如实陈述，不得隐瞒、误报或欺骗。如果有一方当事人违反最大诚信原则，另一方有权解除保险合同。

2. 告知：告知也称披露，是指被保险人在签订保险合同时，应该将其知道的或推定应该知道的有关保险标的物的重要事实如实向保险人进行说明，因为如实告知是保险人判断是否接受承保和确定保险费率的重要依据，所以告知是最大诚信原则的基本内容之一，为各国法律所确认。

3. 明示保证：明示保证是在保险单中订明的保证，明示保证作为一种保证必须写入保险合同或写入与保险合同一起的其他文件内，如批单。明示保证通常用文字来表示，以文字的规定为依据。明示保证分为确认保证和承诺保证。确认保证事项涉及过去与现在，是对过去或现在某一特定事实存在或不存在的保证。承诺保证是指投保人对将来某一特定事项的作为或不作为，其保证事项涉及现在与将来，但不包括过去。

4. 默示保证：默示保证是指在保单中并未载明，但为订约双方在订约时都非常清楚的一些重要保证。与明示保证不同，默示保证不通过文字来说明，而是根据有关的法律、惯例及行业习惯来决定。虽然没有文字规定，但是被保险人应按照习惯保证作为或不作为。默示保证与明示保证具有同等的法律效力，对被保险人具有同等的约束力。

5. 近因原则：近因是引起保险标的物损失的直接、有效、起决定作用的原因。反之，引起保险标的物损失的间接的、不起决定作用的因素，称为远因。近因可以解释为一种直接引起保险标的物损失的有效原因，是导致保险标的物损失发生过程中具有决定作用的或强有力的因素。由于风险因素可能引起风险事故，风险事故可能导致损失，因此在海上保险意义上的近因，是在保险标的物发生损失时界定保险责任，从而决定是否理赔的前提和依据。

三、是非判断题

1. YES　2. YES　3. YES　4. YES　5. NO　6. NO　7. NO　8. YES　9. YES
10. NO　11. NO　12. YES　13. NO　14. YES　15. YES

四、单项选择题

1. B　2. C　3. A　4. A　5. B　6. B　7. D　8. B　9. A　10. D

11. C　12. B　13. B　14. A　15. B

五、多项选择题

1. ABD　2. AD　3. ABCD　4. ACDE　5. ABD
6. ABD　7. ABCD　8. ABCD　9. BD　10. BCD

六、思考题

1. 简述保险补偿应遵循的原则。

保险补偿原则是指当保险事故发生时，被保险人从保险人那里得到的赔偿应填补其因保险事故造成的损失。通过补偿，被保险人的保险标的物在经济上恢复到受损前的状态，但不允许被保险人因损失而获得额外的利益。遵循补偿原则的目的在于真正发挥保险的经济补偿职能，避免将保险演变成赌博行为，防止道德风险的发生。保险补偿应遵循的原则包括：

（1）保险补偿以实际损失为限原则；

（2）保险补偿以保险金额为限原则；

（3）保险赔偿以被保险人对标的具有保险利益原则；

（4）免赔额原则。

2. 如何区分海上保险中的明示保证默示保证？

（1）明示保证是在保险单中确定的保证，明示保证作为一种保证必须写入保险合同或写入与保险合同一起的其他文件内，如批单。明示保证通常用文字来表示，以文字的规定为依据。

（2）默示保证是指在保单中并未载明，却为订约双方在订约时都非常清楚的一些重要保证。与明示保证不同，默示保证不通过文字来说明，而是根据有关的法律、惯例及行业习惯来决定。虽然没有文字规定，但是被保险人应按照习惯保证作为或不作为。

3. 谈谈确定近因的几种方法，并比较哪一种方法更好？

（1）从原因推断结果：从事件链上的最初事件出发，按逻辑关系推断下一个可能的事件，若事件链是连续的，初始事件依次引起下一事件，直至最终事件损失发生，最初事件就是最终事件的近因。

（2）从结果推断原因：从损失的结果出发，按逻辑关系自后往前推，在每一个阶段上按照“为什么这一事件发生”的思考找出前一事件。假如追溯到最初事件，事件链之间相互联系，则最初事件为近因。

两种方法各有特点，笔者认为从原因推断结果的方法更好，因为从常理来讲，一切事物都事出有因，先找原因，就能顺藤摸瓜，找到我们想要的结果。

4. 被保险人违反告知义务应承担哪些法律责任？

（1）投保人故意或者因重大过失未履行规定的如实告知义务，足以影响保险人决定是否同意承保或者提高保险费率的，保险人有权解除合同，并不退还保险费。

（2）投保人因重大过失未履行如实告知义务，对保险事故的发生有严重影响的，保险人对于合同解除前发生的保险事故，不承担赔偿或者给付保险金的责任，但应当退还保险费。

（3）被保险人未履行规定的通知义务的，因保险标的的危险程度显著增加而发生的保险事故，保险人不承担赔偿保险金的责任。

（4）未发生保险事故，被保险人谎称发生了保险事故，向保险人提出赔偿或者给付保险金请求的，保险人有权解除合同，并不退还保险费。

5. 简述海上保险可保利益的特点。

（1）海上保险可保利益是能用货币计算的经济利益；

（2）海上保险可保利益是合法的利益；

（3）海上保险可保利益是确定的利益；

（4）海上保险可保利益是可以变化的利益。

七、案例分析题

本案一审、二审都对保险合同进行了审查。保险合同签订地在德国，保险人与投保人（被保险人）均是德国公司，双方对处理保险合同争议所适用的法律未做选择。由于保险公司未能提供与保险合同有最密切联系的德国相关法律，法院对本案保险合同关系的审查和处理适用了我国相关的法律。在审查中，保险人是否理赔成为其是否具有代位诉权的争议焦点。由此产生了以下两个问题：

（1）投保人 MY 公司是否具有保险利益？

（2）本案货损事故是否发生在保险合同约定的“仓至仓”保险责任期间内？

一审法院经审理认为，收货人凭提单提货，货物的所有权已经转移，MY 公司不能证明事故发生时其具有保险利益，并且货损事故发生时保险责任期间已经结束，保险公司不应再予理赔。保险公司不能因无效保险合同或不当理赔取得代位求偿权。因此，法院判决对保险公司的诉讼请求不予支持。

保险公司不服，提起上诉。二审法院认为，货物交付后，海运承运人责任期间结束，因此海上保险责任期间也已结束，对于海上货物运输保险合同终结后发生的货损事故，保险人不必理赔。即使保险公司从托运人处取得代位求偿权，也只能追究承运人责任，而不能追究货物交付后第三人造成的货损责任。因此，保险人的代位求偿权不成立。二审法院据此驳回上诉，维持原判。

保险公司可以依据法院的判决，要求被保险人退还全部赔偿款。如果被保险人不予配合，可以提起诉讼，追回因保险公司分析错误导致的不合理赔偿。

第三章　海上保险合同

一、填空题

1. 海上保险合同
2. 被保险人
3. 要约
4. 射幸合同
5. 自然人
6. 最大诚信原则
7. 保险人
8. 被保险人
9. 保险代理人
10. 保险经纪人

二、名称解释

1. 射幸合同：射幸合同是指当事人一方是否履行义务有赖于偶然事件的出现的一种合同。这种合同的效果在于签订合同时带有不确定性。保险合同是射幸合同的一种，在合同的有效期间，如发生保险标的的损失，则被保险人从保险人那里得到的赔偿金额可能远远超出其支出的保险费；反之，如果无损失发生，则被保险人只能付出保费而无任何收入。

2. 投保人：投保人又称要保人（Applicant），是指经申请与保险人订立海上保险合同、负有缴纳保险费义务的一方当事人。投保人应具备民事行为能力，应具有保险利益。

3. 保险价值：保险价值指的是保险标的所具有的实际价值。被保险人向保险人投保时，应当申明保险标的物的保险价值。海上保险标的物的保险价值，一般是由被保险人和保险人协商约定。当事人没有约定的，则要按照法律规定来确认保险标的物的保险价值。

4. 保险公估人：保险公估人是指以第三者的身份，为保险人和被保险人办理保险标的物的查勘、鉴定和估损工作，对事故原因提供技术分析和责任公证，并出具书面公证报告。

5. 保险标的：保险标的是投保人向保险人投保的对象，它是海上保险利益的载体。海上保险合同标的一般包括有形财产、法律责任等。

三、是非判断题

1. YES　2. NO　3. YES　4. YES　5. NO　6. NO　7. YES　8. YES　9. NO

10. YES　11. NO　12. YES　13. NO　14. YES　15. YES

四、单项选择题

1. B　2. B　3. C　4. C　5. B　6. A　7. B　8. B　9. A　10. D
11. C　12. D　13. A　14. B　15. B

五、多项选择题

1. ABCDEF　2. ACDE　3. ABCDF　4. ABCEFG　5. ABDEFG
6. ABCD　7. BCD　8. ACD　9. ABC　10. ACD　11. ABCD　12. ABD

六、思考题

1. 当事人履行合同时应具备哪些条件？

当事人签订保险合同后，必须是具有行为能力的自然人或法人，能以自己的行为依法参与民事活动，行使民事权利和承担民事义务。自然人成为有行为能力人的条件是：达到法定年龄，比如说年满 18 周岁，大脑清醒、心智健全，能够知道自己行使民事权利和承担义务的责任。法人的行为能力由法人的代表企业的负责人行使。因此，只有具有行为能力的自然人或法人才有条件签订保险合同。

2. 为什么说保险合同是射幸合同？

保险合同的权利和义务在性质上并不完全确定，只有在偶然事件发生时，才履行权利与义务。由于约定的保险事故是一种不确定的事件，它是否发生、何时发生以及发生以后保险标的物遭受损失的程度如何，都带有偶然性的性质。因此，被保险人支付保险费的义务是确定的，而保险人是否必须履行，或者如何履行其补偿义务就带有不确定的性质。保险人对大部分保险合同无需履行赔偿义务，只有一小部分合同需要履行赔偿义务。

3. 谈谈海上保险合同中代理人的角色。

保险代理人受保险人委托，在规定的授权范围内，从事接受保险业务，出具暂保单或保险单，代收保险费以及代表保险人查勘出险案件、赔款等，从中收取代理手续费。

代理人是保险人与被保险人之间的中介人，保险代理人对保险公司业务的发展起到关键性的作用。代理人在执行业务时，如有违法行为，监管部门有权撤销其执照，保险公司亦可解除其代理合同。保险代理人在保险人授权的范围内从事代理业务，因此法律将保险人与其代理人视为一体。

4. 保险合同解除的形式有几种？

（1）无效而解除。海上保险合同无效是指合同订立时或订立后违反法律或约定事项自始至终不产生法律效力。

（2）失效而解除。海上保险合同的失效是指订立合同后违反约定事项而失去效力。

（3）终止而解除。海上保险合同的终止是指合同成立之后因法定或约定事由发生而使其永久消失法律效力的一种行为。

5. 谈谈海上保险合同中经纪人的角色。

保险经纪人是投保人的代理人，其受投保人的委托代向保险人办理投保手续、代缴保险费以及提出索赔。经纪人为投保人设计投保方案，其宗旨是以最低的保险费获得最大的保障。经纪人代委托人选择保险人。

国际上大量保险业务是通过保险经纪人办理的。在英国，保险公司 80%以上的保险业务是由保险经纪人带来的。在劳合社保险市场上，辛迪加 90%以上的保险业务是由劳合社保险经纪人带来的。

6. 货物运输保险合同的转让与船舶保险合同的转让有什么区别？

由于海上货物运输的范围广泛、流动性大，货物在运输途中发生物权转移的事经常出现，因此货物在运输保险合同中的保险利益也随之转移。在转让中，转让方和受让方不需要征得保险人同意，这样做主要是给货物买卖双方带来便利，有利于商品流转和国际贸易往来。这也是海上货物运输保险中的一大特点。

1992 年颁布的《中华人民共和国海商法》第二百三十条有明确规定：因船舶转让而转让船舶保险合同的，应当取得保险人同意。否则，未经保险人同意的，船舶保险合同从船舶转让时起解除。

7. 谈谈你对保险对价的理解。

在保险合同中，作为被保险人，“对价”指的是获得保险人风险承保的承诺，发生损失予以赔偿，同时也要付出支付保险费的“代价”。作为保险人，“对价”指的是保险人得到了被保险人缴纳的保险费的利益，同时也付出了承担赔偿责任的“代价”。唯一的条件是必须有特定偶然事件的发生。

8. 最大诚信合同对合同双方意味着什么？

诚信原则是合同双方在签订合同时必须遵循的原则。凡以欺诈手段骗取对方签订合同的，都是无效合同。签订海上保险合同必须遵循最大诚信原则，因为诚信对保险合同更为重要。由于保险人不能掌握每一保险标的物的具体情况，而只能根据投保人的申报和介绍来决定是否承保，因此投保人要把有关主要危险的重要事实如实地告知保险人，否则保险人有权解除保险合同或者不负赔偿责任。

同时，由于投保人不太了解保险，对保险知识知之甚少，保险人有责任向投保人耐心地讲解保险相关知识，特别是有关免责条款，必须反复说明，否则免责条款变为责任条款。对于诱导投保人购买保险的，要承担法律责任。

七、案例分析题

1. 英国初审法院支持了保险人观点，并做出了相应的判决。然而，英国上议院最终却否定了初审法院的判决，认为海水进舱才是造成货损的近因，而这是属于保险人承保的风险，因此保险人应该赔偿。

英国上议院的分析是这样的，老鼠只有在航行于海上的船舶上咬坏管道，才会出现海水进入货舱湿损货物的后果。如果是在岸上的码头仓库里，老鼠咬破管道只有空气从管道漏洞中进入仓库的可能，货物不会因为此而遭受损失。据此，英国上议院判定海水进舱损坏货物是海上固有的一种风险，是近因。该案在判决后成了判例。

2. 英国法庭认为，被保险人首先是由于意外摔下而导致其在漫漫长夜中无法获得救援而感染了肺炎，最后导致死亡。在这一事件中，从树上摔下的因素起着决定性作用，应该被确定为近因。意外事故则属于保险的承保范围，因此保险人必须对此进行赔偿。英国的法院驳回了保险人的拒赔决定，该案在判决生效后构成了在今后可被援引使用的有效判例。

3. 被告在诉讼中辩称，五金制品公司并非核定的经营钢材进口的公司，也没有申请领取进口许可证，其进口钢材的行为不合法。因此，原告没有保险利益，保险合同应自始无效，原告无权请求保险赔偿。法院在审理中查明，五金制品公司不是核定经营进出口钢材的企业；贸易公司、五金制品公司没有向法院出示案件所涉的钢材进口许可证，因此原告没有保险利益，并驳回原告诉讼请求。

原告上诉，二审法院终审：进口钢材需申请领取进口许可证后方可进口经营。五金制品公司并非核定的经营钢材进口的公司，也没有进口许可证，因此进口钢材的行为不合法，非法进口的钢材不能享有法律上承认的利益，无保险利益。五金制品公司以非法进口的钢材为保险标的与保险人签订保险合同被确认为无效。

第四章　海上保险损失的界定

一、填空题

1. 风险
2. 自然灾害
3. 实际全损
4. 委付
5. 委付
6. 推定全损
7. 协议全损赔付
8. 可划分的部分全损
9. 单独海损
10. 共同安全

二、名称解释

1. 协议全损：协议全损是指被保险标的物遭受的损害不是实际全损，又没有达到推定全损的要求，但是为了维持被保险人与保险人之间良好的业务关系，双方都同意按全部损失进行赔偿。

2. 推定全损：推定全损是指保险标的在受损之后，虽然没有达到完全灭失的程度，但是其实际全损无法避免，或者其修理费、整理费、续运费用、施救费用、赎回费用等都超过获救后的保险标的物的价值。

3. 委付：委付是指受损保险标的物被认定为推定全损时，被保险人向保险人提出全部损失的赔偿要求，同时将该保险标的物的所有权转移给保险人的行为。

4. 共同海损分摊：共同海损是指为了挽救船舶与货物，采取合理措施而产生的合理费用和部分保险物的损失。这部分费用和损失由船舶、货物、运费有关受益各方根据船舶及货物到达目的港时的市场价值按比例分摊。

5. 救助费用：救助费用是保险标的在运输途中遭受到承保范围内的灾害事故时，由第三者采取救助行为，使保险标的获救，并由被救方付给救助方的报酬。

三、是非判断题

1. YES　2. NO　3. YES　4. NO　5. YES　6. NO　7. YES　8. NO　9. YES
10. NO　11. YES　12. NO　13. YES　14. NO　15. YES

四、单项选择题

1. C　2. D　3. A　4. E　5. A　6. A　7. C　8. A　9. B　10. B
11. A　12. B　13. A　14. B　15. A

五、多项选择题

1. ABCE　2. ABCEF　3. ABC　4. ACDEF　5. BD　6. ABD
7. AC　8. ABCD　9. ABD　10. ABD　11. ABCD　12. ABCD

六、思考题

1. 说明实际全损与推定全损的差别是什么？

实际全损是保险标的物实际上根本不能恢复，或者完全灭失，或者不可避免地要完全灭失。推定全损是指保险标的在受损之后，虽然没有达到完全灭失的程度，但是其实际全损无法避免，或者其修理费用、整理费用、续运费用、施救费用、赎回费用等都超过获救后的保险标的物的价值。两者的差别在于前者“不能恢复”，也就是彻底消失了，而后者“能恢复”，但是恢复后的价值是“超过”或“不超过”原有价值的问题。

2. 谈谈协议全损的利与弊。

协议全损是指被保险标的物遭受的损害既不是实际全损，又没有达到推定全损的要求，保险人按全部保额赔付给被保险人。

协议全损的好处：维持被保险人与保险人之间良好的业务关系，以利于双方今后业务的进一步发展和进一步合作，使保险人的客户相对稳定。协议全损赔付可以

"化繁为简"，提高赔偿处理效率，使被保险人及时获得补偿。

协议全损的缺点：保险人在考虑协议全损时，可能利用个人感情而牺牲公司的利益，甚至发生腐败行为。

3. 单独海损与共同海损有哪些不同?

单独海损损失是指保险标的物因海上风险或其他意外事故造成局部损失，并由利益所有人或承保人单独负担赔偿。共同海损是指载货船舶在运输中遭受海上风险或外来风险危及船与货的共同安全。为了挽救船舶与货物，采取合理措施而产生的合理费用和部分保险物的损失。这部分费用和损失由船舶、货物、运费有关受益各方按比例分摊。两者的主要区别是前者为一方承担责任，后者为多方承担责任。

4. 施救费用与救助费用的不同点是什么?

施救费用是保险标的在遭受保险责任范围内的灾害事故时，被保险人及其代理人对此进行施救，在施救、保护和清理过程中就会产生合理的施救费用。救助费用是保险标的在运输途中遭受到承保范围内的灾害事故时，由第三者采取救助行为，使得保险标的获救，由被救方付给救助方的报酬。施救费用的主体是被保险人和代理人，而求助费用的主体是第三者。其他没有什么区别。

5. 海上保险委付构成的条件是什么?

委付是海上保险一种特有的制度，前提条件是推定全损被双方确认和认定。被保险人将保险标的物的一切权利移交给保险人，然后请求保险人支付该保险标的物的全部保险金额。委付是构成推定全损索赔的先决条件，也是被保险人索赔的形式之一。

6. 如何区分"无效果，无报酬合同"与"雇佣救助合同"?

"无效果，无报酬合同"指的是救助方付出了最大努力，但是救助效果收效甚微，按照合同规定被救助方可以不给费用的合同。而"雇佣救助合同"是指按实际支出计算报酬的合同。在这种合同下，救助报酬是依据救助人花费的人力、物力和时间来计算的，救助效果不是取得救助报酬的前提条件，无论救助成功与否，被救船舶均需向救助人支付实际救助费用。

七、案例分析题

1. 案件性质：该案件是一起由浪涌这一自然灾害引起的推定全损案件。互保条款规定，全损是指互保标的因互保事故的发生而遭受的全部损失，它分为实际全损和推定全损，推定全损是指互保标的物遭受互保事故后，虽然尚未达到全部灭失、损毁状态，但是完全灭失也将是不可避免或者恢复、修复该标的物所耗费用，估计已达到或者超过实际价值。该案件中，标的船受损破碎，尚有残值，但已无修复价值，因此按照推定全损处理，案件定性正确。

理赔证据：该案理赔资料包括互保凭证复印件、互保事故索赔申请表、互保事故调查报告书、渔船赔款计算书、互保事故损失清单、会员提交的事故报告、船舶所有权证书、船舶检验证书、港监部门事故证明和调查报告书。根据互保理赔的规定，本案的证据基本符合要求。

案件处理程序：事故发生后，会员及时报案、渔港监督部门进行查勘和询问、协会代办处进行调查了解并出具处理意见、协会进行认真审定并给予及时赔付，从整个处理过程看，理赔程序符合要求。

2. 推定全损是指货物发生事故后，认为实际全损已不可避免，或者为避免实际全损所需支付的费用与继续将货物运抵目的地的费用之和超过保险价值。

第一，保险公司推定该车全损，给予车主张某全额赔偿，已取得残车的实际所有权，只是认为地形险要而暂时没有进行打捞。因此，原车主张某未经保险公司同意转让残车是非法的。

第二，保险公司对车主张某进行了全额赔偿，而张某又通过转让残车获得4 000 元的收入，其所获总收入大于总损失，显然不符合财产保险中的损失补偿原则。因此，保险公司追回张某所得额外收入 4 000 元，正是保险损失补偿原则的体现。

第三，王某获得的是张某非法转让的残车，但由于王某是受张某之托打捞尸体及现金，付出了艰辛的劳动，并且获得该车是有偿的，可视为善意取得，保险公司不得请求其归还残车。因此，该案例是机动车辆保险中的一个典型案例，同时涉及民法的适用问题。保险公司推定全损，进行了全额赔偿，获得了对残车的实际所有权。张某打捞并转让残车，未经保险公司同意为非法，保险公司可追回其所获额外收入 4 000 元。王某的行为可视为善意取得，不追究其民事责任。

第五章　海上货物运输保险的承保

一、填空题

1. 投保单
2. 保险费
3. 冻品类商品
4. 玻璃制品
5. 货价
6. 成本加运费
7. 装运港船上交货
8. 《国际贸易术语解释通则》
9. 买方
10. 一切险

二、名称解释

1. 信用证：信用证是银行依照进口商的要求和指示，对出口商发出的、授权出口商签发以银行或进口商为付款人的汇票，保证在交来符合信用证条款规定的汇票和单据时，必定承兑和付款的保证文件。

2. 批单：批单是在保险合同生效后，修订保险单内容的凭证，它具有补充、变更保险单内容的作用。保险单出具后，如果保险内容有变动，被保险人可以向保险公司申请批改。

3. CIF 价格条件：CIF 的意思是成本加保险费加运费，即卖方将货物装上船只，并支付启运港口到目的港口的运费和保险费。

4. 核保：在海上保险承保活动中，无论是何种承保方式承揽的业务，都属于要约。这些要约必须经过保险公司的专业人员按设定的标准审核、估价、确认后，方可正式承保。这种承保要约的审定工作称为核保。

5. 方便旗：船舶不在本国注册，而在外国注册，所悬挂的旗帜为注册国的国旗，称为方便旗。方便旗有许多弊端，如船舶技术条件差、安全无保障、海事发生频繁、船员工资低、社会福利方面无保障、船东身份不易确定、海运欺诈等常有发生。

三、是非判断题

1. NO　2. YES　3. YES　4. NO　5. NO　6. YES　7. NO　8. YES
9. NO　10. YES　11. YES　12. YES　13. NO　14. NO　15. YES

四、单项选择题

1. A　2. D　3. B　4. C　5. A　6. D　7. C　8. C　9. C　10. A
11. B　12. C　13. B　14. A　15. B

五、多项选择题

1. ABCE　2. ABCDEF　3. ABCDFG　4. AC　5. ABC　6. AC　7. ABCD
8. ABCDF　9. ABCDF　10. ABD

六、思考题

1. 简述工艺品的种类与特点。

工艺品的种类分为五大类：首饰类、珐琅类、雕刻品、漆器类、陶瓷器类。这类商品的特点是造型精细、形状各异、价格昂贵。

2. 简述轻工产品的种类与特点。

轻工产品分为玻璃制品类、陶瓷制品类、家用产品类、杂货类。玻璃制品类、陶瓷制品类的特点是容易破碎，价格也不菲；家用产品类包括家电，其特点是怕水淋湿、价格中等、有包装、容易丢失或被盗；杂货类，如仪表、金属餐具、文体用品、各类鞋帽等，其价值大小不一，一般来说，价格低廉。

3. 投保人选择保险考虑的因素有哪些？

投保人选择保险考虑的因素包括货物的种类与价值、包装情形、运输方式、战争及罢工的危险、附加危险、国际贸易条件。

如果货物价值较高而又易毁损，如手表、精密仪器或电子零件等，需要投保一切险。货物的包装是投保人选择运输保险条件时应予以考虑的重要因素。

由于运输方式的不同，运输过程中可能遭遇的危险事故也不同，因此选择保险条件，必须考虑运输方式的因素及其对保险的影响。

战争及罢工经常发生的地方要考虑投保战争险和罢工险。此外，国际贸易条件关系到买卖双方的权利和义务，如果买卖双方对货物运输保险种类已有约定，应按照约定执行。

4. 签订售货合同应注意哪些事项？

在签订贸易合同时，必须明确双方成交的价格条件。当价格条件确定为 CIF 价格时，由卖方办理保险。如果买方对保险有特殊要求，应将这种要求写清楚，并明确由谁承担增加的保险费。按照货物加 CFR 价格条件或者按照 FOB 价格条件成交的，由买方自己办理保险。

此外，也可以经买卖双方商定由卖方代办保险，但这完全是受委托的代理关系。应明确代办保险的类别、保险金额等。如果采用信用证方式付款，要在信用证详情中写清楚。

5. 简述 CIF 价格条件与特点。

CIF 的意思是成本加保险费加运费，即卖方将货物装上船只，并支付启运港口到目的港口的运费和保险费。2000 年出台的《国际贸易术语解释通则》规定：根据合同约定卖方购买货物运输保险，使买方和任何其他对货物拥有保险利益的人有权直接向保险人索赔，并向买方提供保险单或其他保险凭证；卖方与信誉良好的保险公司订立保险合同。

买方有其他要求时，卖方应提供由买方负担费用的、可以投保的战争、罢工、暴乱和民变险。最低保险金额应包括合同规定的价款另加成 10%，并应采用合同中规定的币制。

6. 投保风险因素审核的要点有哪些？

（1）审核保险标的。保险公司对投保标的物的危险性质、管理的情况通过调查进行审核。

（2）审核被保险人的信誉。在核保过程中，应追踪审查被保险人的信誉和其他事项，如经营状况、财务状况、金融联系和业务往来状况等。

（3）审核运输工具。以船舶运输工具为例，要审查对与投保有关船舶的建造年份、吨位、配备以及各方面性能，船舶是否悬挂方便旗。

（4）审核行程及地区。审核行程的长短，途中有无转换船舶等。

（5）审查货物与保险条件。审核投保的保险条件与信用证、银行的要求是否相适应。

（6）审核气候条件。审核诸如季节风、火山爆发、礁石、浅滩、海啸以及风暴等情况。

（7）审核过去的损失率。从被保险标的以往的损失情况，审核是否存在道德风险等。

7. 保险人核保应考虑的因素有哪些？

（1）投保风险因素审核：保险标的、被保险人的信誉、运输工具、行程及地区、货物与保险条件、气候条件、损失率等。

（2）保险费率审核：核定费率是否适当。

（3）保险业务选择：应根据具体情况对原承保条件进行修改或补充，采取某些限制性措施，确定新的、合理的承保条件或拒绝承保。

（4）危险分散与控制：危险分散和控制制度包括承保金额的累积和保险金额的分配。

七、案例分析题

1.（1）第一货舱的货物。1 000 条毛毯的损失是意外事故火灾引起的实际全损，属于实际全损第一种情况——保险标的实体完全灭失。而烟草的串味损失属于火灾引起部分的损失，因为在经过特殊加工处理后，烟草仍然能保持其属性，可以按烟草出售，三成的贬值是烟草的部分损失。至于茶叶的损失则属于实际全损，因为火灾造成了“保险标的丧失属性”，虽然实体还在，但是已经完全不是投保时所描述的标的内容了。

（2）第二货舱的货物。精密仪器的损失属于意外事故碰撞造成的推定全损。根据推定全损的定义，当保险标的的实际全损不可避免，或为避免发生实际全损花费的整理拯救费用超过保险标的本身的价值或是其保险价值，就会得不偿失，从而构成推定全损。精密仪器恢复的费用异常昂贵，大大超过了其保险价值，已经构成推定全损。亚麻的损失是在危机时刻为了避免更多的海水涌入货舱威胁到船货的共同安全而被用来堵塞漏洞造成的，这种损失属于共同海损，由受益各方共同分摊。

（3）第三货舱的货物。纺织品所遭遇的损失，是为了方便共同海损修理而被迫卸下时造成的，也属于共同海损。

2. 根据保险公司的规定，第一种情况，即纸张的损失 80%，应属于全部损失；第二种情况，即印花棉布的损失 20%，则属于部分损失。这是因为，保险业务中的全部损失分为实际全损和推定全损。在实际全损中有三种情况：一是全部灭失，二是失去使用价值（如水泥变成硬块），三是虽有使用价值，但已丧失原来的使用价值。从第一种情况看，纸张原来应该作为印刷书报或加工成其他成品，现在不行，只能作为纸浆造纸，因此属于实际全损第三种情况。而印花棉布虽遭水渍，处理之后仍作为棉布出售，原来的用途未改变，因此只能作为部分损失。

第六章　海上保险费率

一、填空题

1. 保险金额
2. 纯费率
3. 毛费率
4. 国际性
5. 差别费率
6. 货物运输保险
7. 保险费
8. 财务
9. 客观性
10. 数据

二、名称解释

1. 毛费率：毛费率由纯费率和附加费率两个部分构成，两者之和称为毛费率。

2. 附加费率：附加费率是指一定时期保险业务活动的各营业支出的百分比。附加费率的确定往往与保险经营管理的水平有关，受人为因素的影响较大，具有较强的主观性。

3. 纯费率：纯费率也称基本费率，是根据各类保险灾害事故，以一定范围的保险标的，在一定时期内发生的频率和毁损率来计算费率百分比。

4. 协议退费：在保险期间，某项或某些事件出现时，保险人按一定方式退还一定的保险费，同时解除或部分解除承保责任，这种退费称为协议退费。

5. 停泊退费：停泊退费是指被保险船舶在保险人同意的港口或区域停泊，不管是因为要在船厂修理还是为了装卸货物，只要停泊天数超过 30 天，停泊期间的保险费就应按净保险费比例的 50%退还给被保险人。

三、是非判断题

1. NO　2. NO　3. YES　4. YES　5. NO　6. NO　7. YES　8. YES
9. NO　10. YES　11. NO　12. YES　13. YES　14. NO　15. YES　16. NO

四、单项选择题

1. B　2. C　3. A　4. B　5. C　6. A　7. B　8. D　9. D　10. B
11. C　12. B　13. A　14. C　15. B

五、多项选择题

1. ABDE　2. ABDEF　3. ABC　4. ACD　5. ACD　6. AC
7. ABCDF　8. ACDEF　9. AC　10. AD

六、思考题

1. 简述制定费率的国际性原则体现在哪些方面？

（1）公平合理原则：公平是指根据总体等价交换的原则制定费率。合理是指在公平的基础上，根据单个等价交换的原则，按照被保险人投保标的危险性大小及数量恰当地确定保险费率的档次，实行差别费率。

（2）可行性与保证偿付原则：确定的费率要保证保险公司的财务稳定性，也要与被保险人的承受能力相适应，而实现两者的统一，才是可行的费率水平。保证偿付原则，由国家专门机构监督，主要对偿付能力加以监督。

（3）相对稳定原则：险费率一经制定，在一定时期内，应保持相对稳定，不要过于频繁地变动。

（4）伸缩性原则：制定费率必须有一定的伸缩性和弹性，以适应国内、国际保险市场多变的客观情况。

（5）国际性原则：通常要注意两个方面的问题，一方面，使费率水平适应国际保险市场的行情，以加强保险公司在国际保险市场的竞争力；另一方面，使费率水平能为国际再保险公司所接受，从而顺利地使危险在国际范围内分散。

（6）盈利原则：在保证保险公司偿付能力和被保险人对保险费率水平承受能力的基础上，根据国际保险市场情况的变化、承保标的不同对象，灵活地调整费率水平。

2. 保险人在处理船舶退费时应注意哪些事项？

（1）停泊退费是在定期保险的保险期间届满以后才支付的。

（2）在保险期间船舶发生了全损，保险船舶全损之前发生的停泊不能退费。

（3）按照规定，构成 1 个退费单元需要连续停泊 30 天。

（4）停泊的地点必须是保险人认可的港口或停泊区域。

（5）船舶在停泊期间可以装卸货物，但不能被雇佣来存储货物或驳运货物。

（6）如果连续停泊 30 天，停泊期间跨越了同一保险人签发的两张连续保险单，停泊退费应按照各保险单下停泊的天数按比例计算。

3. 如何看待纯费率和附加费率？

以纯费率获得的保险费是支付赔款的来源，是以危险概率为基础的。在这个基础上求得海上保险标的接近实际的赔偿金额后，再按赔偿金额和保险金额的百分比来确定保险标的物的损失率。从纯费率确定的内容和过程看，纯费率具有一定的客观性，受人为因素的影响较小。附加费率是一定时期保险业务活动的各营业支出的百分比，附加费率的确定往往与保险经营管理的水平有关，受人为因素的影响较大，具有较强的主观性。

4. 谈谈制定费率的伸缩性原则体现在哪些方面？

伸缩性原则也称为弹性原则。保险费率的一部分虽然受客观条件制约，要求其保持相对稳定性，但这种稳定性不是绝对的，在具体经营中，费率必须有一定的伸缩性和弹性，以适应国内、国际保险市场多变的客观情况。例如，对于国际形势的变化，或者国内社会经济政策的变动而导致的保险市场供需状况发生变化，保险人应及时掌握这些情况，适时适度调整、变动保险费率。

5. 简述我国海上保险费率的构成。

我国海上保险的费率一般包括基本险费率、附加险费率和逾龄船舶运输工具增加费率三部分，计算的保险费率应是三项费率之和。目前，我国国际运输货物保险费率的组成分为下列几种：

（1）一般货物保险费率分为平安险、水渍险和一切险三种。

（2）陆运、空运和邮包险费率分别为基本险费率和一切险费率两种。

（3）附加险的费率。

（4）战争险费率单独列出。

（5）指明货物增加费率。

（6）逾龄运输工具（船龄）加费。

七、计算题

1. 根据题意：

（1）根据公式，求出 CIF 价格：

$$\text{CIF}=\frac{\text{CFR}}{1-(1+\text{加成率})\times\text{保险费率}}$$

$$\text{CIF}=\frac{500\times 10\ 000}{1-(1+10\%)\times 0.9\%}$$

$$\text{CIF}=\frac{5\ 000\ 000}{0.990\ 1}=5\ 049\ 994.95\ (\text{美元})$$

（2）保险金额 = CIF 金额 × 10%

5 049 994.95×10% ＝ 504 999（美元）

（3）保险费 = 保险金额 × 费率

504 999 × 10% ＝ 50 499（美元）

答：保险金额为 504 999 美元，保险费为 50 499 美元。

2. 根据题意：

（1）根据公式，求出 CIF 价格：

$$\text{CIF}=\frac{\text{FOB}+\text{运费}}{1-(1+\text{加成率})\times\text{保险费率}}$$

$$\text{CIF}=\frac{500\times 10\ 000+(5\times 10\ 000)}{1-(1+10\%)\times 0.8\%}$$

$$CIF=\frac{5\ 000\ 000+50\ 000}{0.9912}=5\ 548\ 829.7$$

（2）保险金额=CIF 金额 × 10%

5 548 829. 7×10% ＝ 554 882. 97（美元）

（3）保险费=保险金额 × 费率

554 882. 97 × 10% ＝ 55 488（美元）

答：保险金额为 554 882. 97 美元，保险费为 55 488 美元。

第七章　海上货物运输保险的理赔

一、填空题

1. 第三者
2. 检验报告
3. 进口货物运输
4. 货损货差证明
5. 保险公司
6. 被保险人
7. 承运人
8. 理赔
9. “重合同、守信用”

二、名称解释

1. 保险索赔：保险的索赔是保险标的在遭受保险事故后，被保险人凭保险单有关条款的规定，向保险人要求赔偿损失的行为。

2. 事故责任索赔：事故责任的索赔是指被保险人先直接向负有责任的第三者提出索赔，然后就第三者赔偿后的不足部分向保险人或其代理人提出索赔。

3. 间接索赔：这种方式是指被保险人委托其保险经纪人向保险人或其代理人提出索赔请求。

4. 保险理赔：理赔是从保险人的角度出发的，指保险公司对保险赔案处理的全过程。保险理赔是保险人履行保险合同最重要的表现形式。

5. 检验报告：检验报告是指保险人指定的保险代理人对货物的损失原因、损失程度、损失金额、残余物资价值及受损货物处理后，提交的书面声明，是确定保险责任和赔偿金额的主要证件。

三、是非判断题

1. YES 2. NO 3. YES 4. YES 5. NO 6. YES 7. NO 8. YES 9. YES
10. YES 11. YES 12. YES 13. NO 14. YES 15. NO

四、单项选择题

1. B 2. C 3. A 4. C 5. D 6. A 7. B 8. C 9. D 10. A
11. C 12. A 13. B 14. C 15. D

五、多项选择题

1. AB 2. BCDE 3. AC 4. ABCDEF 5. AD
6. ACDE 7. AC 8. ABCD 9. ABCDE 10. ACD

六、思考题

1. 简述海上保险索赔的程序。

保险的索赔是保险标的在遭受保险事故后，被保险人凭保险单有关条款的规定，向保险人要求赔偿损失的行为。索赔的程序包括：

（1）损失通知，即把损失的信息向保险人通报。

（2）向承运人等有关方提出索赔。如果损失的责任在于承运人，尽快向承运人提出索赔要求。

（3）采取合理施救措施。发生损失后，被保险人有责任迅速采取措施实施施救行为。

（4）准备必要的索赔单证。被保险人应按照保险人的要求，提供所需的全部单证。

2. 直接索赔与间接索赔有哪些区别？

直接索赔是指被保险人直接以书面形式向保险人提出索赔，包括直接保险责任的索赔与事故转位责任的索赔。间接索赔是指被保险人委托其保险经纪人向保险人或其代理人提出索赔请求。两者最大的区别在于：前者面对面地向保险人提出索赔，没有第三者的加入；而后者不需要面对面向保险人提出，而是由保险代理人或保险经纪人代为办理，节省了被保险人的时间和精力。

3. 简述海上保险理赔的程序。

被保险人索赔申请一旦被保险公司接受，理赔工作正式启动。根据中国保险行业协会 2014 年 10 月出台的《货物运输保险理赔实务》手册的要求，理赔流程如下：

（1）报案受理与调度。客户、经纪人或代理人向业务人员报案（转报案）。客户服务中心将案子调度给理赔事业部的负责相关险种的各经办人的电脑（邮件）或手机（短信）。

（2）查勘与立案。由保险公司指定的理赔代理人或海外聘请公估公司首次查勘，经办人应到现场，回来后撰写现场查勘报告和在理赔系统中进行立案操作。

（3）责任分析与确定。损失原因分析，条款责任分析，条款的险别、附加险、特别约定等。

（4）定损、理算、核赔以及支付赔款。确定损失金额，签订损失协议，理算完成后，经办人缮制赔款计算书，复核赔偿金额，最后支付赔款。

4. 谈谈海上保险理赔的原则。

理赔是指保险人对保险赔案的处理。海上保险理赔的原则如下：

（1）重合同、守信用原则。严格按照合同执行，该赔的一分都不能少，不该赔的一分都不能赔。

（2）主动、迅速原则。得知发生索赔以后，保险人要主动、迅速做出反应，不能拖延。

（3）先赔偿、后追偿原则。对于第三者责任造成的损失，保险公司赔付被保险人之后，取得被保险人的代位权益的转让，然后保险公司向第三者进行追偿。

（4）赔偿适当原则。赔偿适当原则包括以实际损失为赔偿原则和按比例分担原则。

（5）遵循国际惯例原则。严格按照国际惯例处理赔案是海上保险赔偿工作中必须遵守的重要原则。

5. 说明保险公司做好理赔工作的意义。

（1）保障被保险人生产的稳定经营。保险人及时将赔款支付给被保险人，保障被保险企业的正常经营。

（2）促进国际经济交往的顺利进行。货物运输保险从财产、责任等为国际经济合作提供全方位的经济保障，保险理赔工作处理得当，能促进国际经济交往的顺利进行。

（3）促进保险制度的不断完善。通过理赔，发现保险不完善的问题，对存在的问题加以解决。

（4）保险人可获取风险管理资料和数据。通过理赔获取的资料或数据，可帮助保险人制定出防损的合理措施。保险人将这些防灾防损措施提供给被保险人，有助于被保险人加强风险管理。

七、计算题

根据题意，这是重复保险的范畴，按照比例分摊原则进行计算。

（1）重复保险总保险金额 $= 500 + 400 = 900$（万美元）

（2）中国人民保险公司广东分公司 $= \frac{500}{900} \times 80 = 44.44$（万美元）

（3）太平洋保险公司深圳分公司 $= \frac{400}{900} \times 80 = 35.55$（万美元）

答：中国人民保险公司广东分公司赔偿 44.44 万美元，太平洋保险公司深圳分公司赔偿 35.55 万美元。

八、案例分析题

青岛海事法院认为：保险单即保险合同。“运输工具”一栏仅仅填写“船”或“船舶”未注明船名和航次，即使投保人投保时告知了保险人承运该批货物的船名和航次，保险人承保货物的运输工具也不能认为只限于该船舶。将船名和航次填写到其他栏目不具有确定某一特定船舶的效力。只要货物运载的工具是船舶，并且该船舶具有国家规定的运输资格，即属该保险人承保的范围。

原告未提供证据证明，本案保险合同系由本案第三人代为订立。即使该保险合同系由本案第三人代为订立，该第三人与本案原、被告双方的争议亦无关。因此，原告要求第三人承担责任的主张，不予支持。

青岛海事法院依据《中华人民共和国保险法》第一百四十七条和《中华人民共和国海商法》第二百三十七条的规定，判决如下：被告中国太平洋保险公司烟台分公司支付原告蓬莱晨光五金集团有限公司保险金 20 万元人民币，于本判决生效之日起 10 日内付清。逾期不付，应加倍支付延迟履行期间的债务利息。诉讼费 5 510 元，由被告中国太平洋保险公司烟台分公司承担。

被告不服一审判决，向山东省高级人民法院提出上诉。

二审查明的事实和证据与一审相同。山东省高级人民法院认为：保险单未对运输船舶加以限定，该运输船舶应理解成符合法定运输条件的一切承运船舶，而非指特定船舶或特定船舶的特定航次，承运晨光公司投保货物的“静水泉”轮符合保险单中“运输工具”的约定，因该轮沉没，保险标的物随船沉没灭失，中国太平洋保险公司烟台分公司应当以保险单的约定向晨光公司支付相应的保险金。山东省高院依据《中华人民共和国民事诉讼法》第一百五十三条之规定，判决如下：驳回上诉，维持原判。二审案件受理费 5 510 元，由上诉人承担。

第八章　海上货物运输保险的追偿

一、填空题

1. 承运人
2. 追偿
3. 弃权
4. 赔偿
5. 被保险人
6. 被保险人
7.《海牙规则》

8. 适航性
9. 扣船
10. 特别提款权

二、名称解释

1. 追偿：在海上保险中，第三者（主要承运人或船舶所有人）按照提单、运单规定，应该由承运人承担货物损失的赔偿责任。保险人向承运人等第三者索回已支付给被保险人的赔款，称为追偿。追偿是保险人根据代位求偿权向第三者责任方索赔的一种法律行为。

2. 扣船：扣船的目的是保险公司为了取得船方担保，以便日后判定船方有责任时能保证付款。保险人认为有必要扣船时，先向法院提出扣船申请，法院认为申请合法，就向船方发出扣船命令，要求船方提供担保。因此，扣船不是把船扣留下来直到追偿结束才放船，而是一种要求船方提供担保的手段。当船方办妥担保手续后，由法院宣布解除扣船命令，由港务局监督放船。

3. 提单：提单是承运人和托运人之间所订立的运输合同。它规定了承运人和托运人在货物运输过程中的权利、义务、责任和免责内容。提单是承运人或其代理人出具给托运人已收到货物的收据，是物权凭证。承运人在港口船边或承运人自己的码头仓库收受和交付货物，负责装卸货物及其费用。提单还是处理海事纠纷的法定文件，投保海上运输货物保险的凭证。因此，提单是保险人向承运人进行追偿的依据。

4. 和解：和解是指海上保险赔偿发生争议或纠纷时，保险合同及有关各方进行磋商，经过相互让步，彼此都认为可以接受的一种行为。海上保险和解的途径有自行和解和中介人调解两种。

5. 诉讼：诉讼是解决海上保险纠纷的一种方式。采用诉讼方式解决海上保险的纠纷对当事人来说，所花的时间和耗费的金钱要比仲裁大得多，因此人们往往乐意选择和解与仲裁两种方式。但是，如果双方不能通过和解与仲裁处理纠纷，只得采用法律诉讼。

三、是非判断题

1. NO 2. YES 3. NO 4. NO 5. YES 6. NO 7. YES 8. NO 9. YES 10. NO 11. NO 12. YES 13. YES 14. NO 15. NO 16. YES 17. YES 18. NO

四、单项选择题

1. A 2. D 3. C 4. A 5. C 6. C 7. B 8. D 9. B 10. A
11. A 12. C 13. B 14. A 15. D

五、多项选择题

1. AD　2. ACD　3. CD　4. ABCEF　5. AC
6. ABD　7. BCD　8. BCD　9. ACD　10. BCD

六、思考题

1. 谈谈保险人的追偿与理赔的关系。

（1）区别：首先，从时间上看，一般是先赔偿后追偿。其次，从追偿的效果看，保险公司是否追偿成功与赔偿没有必然联系。最后，从行为对象上看，追偿的对象是第三者，理赔的对象是被保险人。

（2）联系：首先，追偿可以看成理赔工作的有效组成部分。其次，追偿以理赔为前提。先有赔偿后有追偿，这种先后顺序不能颠倒。最后，保险人追偿所得应以其支付的赔偿金额为限。因此，海上保险追偿与理赔在内容上有着不可分割的联系。追偿是理赔的有效组成部分，追偿是理赔的延续。

2. 简述《海牙规则》中承运人的责任。

根据《海牙规则》的规定，承运人有承担基本义务的责任和享有免责的权利。

（1）承运人应提供适航的船舶。承运人在开航前与开航时，必须谨慎处理，以使船舶具有适航性；适当配备船员、设备和船舶供应品，使货舱、冷藏舱和该船其他运载货物的部位适宜并能安全地收受、运送和保管货物。

（2）承运人应适当和谨慎地装载、搬运、积载、运送、保管、照料和卸载所承运的货物。承运人对货物的责任包括装载、搬运、积载、运送、保管、照料和卸载等七个方面。在上述各个环节，承运人都应适当、谨慎地行事，如果由于承运人的疏忽或过失，致使货物受到损坏，其应负赔偿责任。

3. 说说保险仲裁的特点有哪些？

仲裁是由海上保险关系双方当事人在争议发生之前或之后，达成书面协议，把争议提交给双方同意的第三者裁决。

（1）自愿性。仲裁制度具有自愿性和自主性，只有双方当事人自愿，并一致同意把争议问题提交仲裁解决，仲裁才能进行，其裁决才有效力。

（2）公正性。仲裁的一个特点是实事求是，秉公处理。

（3）效率性。仲裁制度同诉讼做法相比，其程序比较简便，费用比较低廉，审理和裁决的速度比较快。

4. 保险纠纷的处理方式有几种？

按照国际惯例，保险纠纷可采用和解、仲裁和诉讼的方式加以处理。

（1）和解。和解是指海上保险赔偿发生争议或纠纷时，保险合同及有关各方进行磋商，经过相互让步，彼此都认为可以接受的一种行为。

（2）仲裁。仲裁是在双方自愿的基础上，同意把争议问题提交仲裁解决。

（3）诉讼。诉讼是解决海上保险纠纷的一种方式。采用诉讼方式解决海上保险的纠纷，对当事人来说，所耗费的时间和金钱都要比仲裁多。

七、案例分析题

一审法院审理认为：

(1) 原告作为承运人为被告运输货物，被告应支付运费。

(2) 原告在货物运出后两年内提起诉讼，未超过诉讼时效。《中华人民共和国海商法》对承运人主张运费的诉讼时效问题未做规定；《最高人民法院关于承运人就海上货物运输向托运人、收货人或提单持有人要求赔偿的请求权时效期间的批复》且于 1997 年 8 月 7 日施行，对本案无溯及力。因此，本案应适用《中华人民共和国民法通则》规定的两年普通诉讼时效。被告认为原告诉讼时效已过的主张依据不足，法院不予采纳。据此，法院依照《中华人民共和国海商法》第六十九条、《中华人民共和国民事诉讼法》第一百三十条的规定，判决被告上海华源经济发展公司支付原告美国定航国际货运服务有限公司货物运费人民币 45 650 元及应付利息。

被告不服判决，提起上诉称：

(1) 被上诉人系外国公司，无权在中国境内揽货，其签发的提单应为无效。

(2) 最高人民法院的司法解释对尚未审结的本案有约束力，本案已过诉讼时效。因此，请求法院撤销原判，驳回被上诉人的诉讼请求。

被上诉人辩称：

(1) 上诉人已经接受提单，并且货物运输已全部完成，再主张提单无效显属无理。

(2) 最高人民法院有关时效的批复适用于承运人“赔偿”请求，不适用于本案。

二审法院认为：

(1) 本案双方当事人根据自己真实的意思表示所订立的海上货物运输合同对双方均有约束力。被上诉人已依约履行了运输货物的全部义务，上诉人应按合同支付运费。

(2) 外国船公司虽不能在中国境内擅自揽货，但并非不能承运中国的货物。上诉人提出被上诉人擅自揽货，但未提供相应证据，法院不予支持。

(3) 最高人民法院该项司法解释于 1997 年 8 月 7 日施行，本案纠纷发生在该解释之前，当时《中华人民共和国海商法》对承运人向托运人索讨运费的时效未做规定，一审法院适用《中华人民共和国民法通则》有关诉讼时效的规定并无不当。

综上所述，二审法院认为上诉人的上诉理由均不能成立，依照《中华人民共和国民事诉讼法》第一百五十三条的规定，判决驳回上诉，维持原判。

第一，关于本案的诉讼时效问题。

本案所涉海上货物运输为班轮运输。《中华人民共和国海商法》有关诉讼时效的规定仅涉及海运货物的赔偿请求权、有关航次租船合同的请求权、船舶租用合同的请求权以及旅客运输、拖航、船舶碰撞、海难救助、共同海损分摊、油污损害、海上保险合同等方面的诉讼时效。从《中华人民共和国海商法》诉讼时效针对的诸多案件类型来看，只有第二百五十七条涉及班轮运输。该法条规定："就海上货物运输向承运人要求赔偿的请求权，时效期间为一年，自承运人交付或者应当交付货物之日起计算。"显然，该规定虽对班轮运输的情况有所涉及，但并未解决班轮运费纠纷的诉讼时效问题，其针对的是班轮运输货物，即货损货差或货物灭失的赔偿纠纷。《中华人民共和国民法通则》作为一般法的效力优势就显现出来，即特别法中无规定的，适用一般法。因此，本案中班轮运费纠纷的诉讼时效就应适用《中华人民共和国民法通则》规定的两年普通诉讼时效。

第二，关于最高人民法院的有关司法解释对尚未审结的本案是否有约束力，能否确定本案已过诉讼时效的问题。

《最高人民法院关于承运人就海上货物运输向托运人、收货人或提单持有人要求赔偿的请求权时效期间的批复》内容如下："承运人就海上货物运输向托运人、收货人或提单持有人要求赔偿的请求权，在有关法律未予以规定前，比照适用《中华人民共和国海商法》第二百五十七条第一款的规定，时效期间为一年，自权利人知道或者应当知道权利被侵害之日起计算。"该批复于 1997 年 8 月 7 日起施行。由于该批复只针对货物运输赔偿请求权的时效做出规定，而且明确规定了适用该批复的时间，故该司法解释对本案是不适用的。

第三，关于本案海上货物运输合同的效力问题。

本案系班轮货物运输纠纷，华源公司作为货物托运人，委托定航公司为其运输货物，定航公司为此向华源公司签发了提单。根据上述情况，可以认定双方是依其真实的意思订立合同并以实际的行动促使合同有效成立。因此，各方当事人都应遵守诚信原则，切实全面地履行合同约定的义务。

被告华源公司在上诉中称定航公司系外国公司，无权在中国境内揽货，其签发的提单无效。可以看出，上诉人主张的"无权揽货"与"提单无效"之间并无因果关系。事实上，在托运人华源公司与承运人定航公司接触之前，还有一个中介人——上海天宏集装箱储运有限公司（以下简称天宏公司）。该公司在为外国船公司揽货的过程中起着决定性的作用，即本案如航运界公认的通常做法一样，是由货运代理为外国船公司提供揽货服务，而并非外国船公司亲自揽货。至于本案天宏公司究竟是以船舶代理的身份还是以货运代理的身份出现，因该问题对本案海上货物运输合同的有效成立并无实质性影响，故法院不予深究。

第九章　海上货物运输保险险种概述

一、填空题

1. 平安险
2. 水渍险
3. 外来原因
4. 一切险
5. 除外责任
6. 责任期限
7. 非正常运输
8. 短量险
9. 渗漏险
10. 黄曲霉素

二、名称解释

1. 海上货物运输保险：海上货物运输保险是指保险人承保货物在运输途中因海上自然灾害、意外事故或外来原因而导致的损失负补偿责任。

2. 淡水雨淋险：淡水雨淋险是指货物直接因淡水、雨淋、冰雪融化所造成的损失，由保险人负责赔偿。淡水所致损失包括船上淡水舱或水管漏水、船舱内水气凝集而成的舱汗造成货物的损失；雨淋包括雨水、冰雪融化造成货物的损失。

3. 进口关税险：国进口关税险是指家对进口货物征收关税时，不论货物是否损失，一律按货物的完好价值计算征税。进口关税险是承保上述原因引起的关税损失。

4. 舱面险：有些货物由于体积大、有毒性、有污染性或是易燃易爆物品等，根据航运习惯必须装载于舱面上。舱面险是指装载于舱面的货物因被抛弃或被风浪冲击落水所造成的损失，由保险人负责赔偿。

5. 拒收险：拒收险是指货物在进口时，不论何种原因在进口港被进口国的政府或有关当局拒绝进口或没收所造成的损失，由保险人按货物的保险价值赔偿。

6. 非正常运输：非正常运输是指在运输过程中，由于遇到被保险人无法控制的情况，致使被保险货物无法运往原定卸载港，而是在途中被迫卸货、重装或转运以及由此而发生的运输延迟、船舶绕道行驶或运输合同终止等情况。

三、是非判断题

1. YES　2. YES　3. NO　4. NO　5. YES　6. NO　7. NO　8. YES　9. YES
10. NO　11. YES　12. NO　13. YES　14. NO　15. YES

四、单项选择题

1. C　2. B　3. B　4. A　5. C　6. A　7. C　8. D　9. B　10. C　11. D
11. C　12. A　13. D　14. C　15. A

五、多项选择题

1. ABE　2. ABCD　3. ABE　4. ABC　5. ACDE　6. ABCDEF
7. ACDE　8. ABD　9. ABC　10. AD

六、思考题

1. 谈谈我国货物运输保险的基本险的险别。

基本险也称主险，可以单独对货物运输进行承保，不需要其他险种的支撑。基本险包括平安险、水渍险和一切险三种。从承保责任范围大小来看，平安险的责任范围最小，一切险的责任范围最大。

2. 简述我国货物运输保险条款中平安险的保险责任。

（1）货物在运输途中，因恶劣气候、雷电、海啸、地震、洪水等自然灾害造成整批货物的全部损失或推定全损。

（2）运输工具遭受搁浅、触礁、沉没、互撞、与流冰或其他物体碰撞以及失火、爆炸等意外事故造成货物的全部或部分损失。

（3）运输工具发生搁浅、触礁、沉没、焚毁等意外事故的情况下，货物在此前后又在海上遭受恶劣气候、雷电、海啸等自然灾害所造成的部分损失。

（4）在装卸或转运时，由于一件或数件、整件货物落海造成的全部或部分损失。

（5）被保险人对遭受承保责任危险的货物采取抢救、防止或减少货损的措施而支付的合理费用，但以不超过该批被救货物的保险金额为限。

（6）运输工具遭遇海难后，在避难港卸货、存仓及运送货物所产生的特别费用。

（7）共同海损的牺牲、分摊和救助费用。

（8）运输契约订有“船舶互撞责任”条款，根据该条款规定应由货主偿还船东的损失。

3. 列举我国货物运输保险水渍险的除外责任。

除外责任一般都单独列明，并用黑体字显示。除外责任中所列的各项致损原因，一般是非意外的、比较特殊的或保险人难以承保的风险。除外责任如下：

（1）被保险人的故意行为或过失所造成的损失。

（2）属于发货人责任所引起的损失。

（3）在保险责任开始前，被保险货物已存在的品质不良或数量短差所造成的损失。

（4）被保险货物的自然耗损、本质缺陷、特性以及市价跌落、运输延迟所引起的损失或费用。

（5）属于战争险条款和罢工险条款规定的保险责任和除外责任的货损。

4. 如何区分我国货物运输保险条款中一般附加险与特别附加险？

一般附加险承保一般外来原因所造成的货物损失，如果被保险人投保了海洋货物运输险，就没有必要再购买一般附加险，因为一切险包含 11 种外来原因造成的损失。

特别附加险不包括在一切险责任范围以内，导致特别附加险的货物损失原因往往同政治、国家行政管理以及一些特殊的风险相关。我国特别附加险有 6 种类型，需要在投保主险的情况下，附加这一风险，合同双方可以协商，达成一致之后，可以办理。

5. 分析伦敦协会条款 ICC（A）险与我国货物运输保险中一切险的共同点与不同点。

伦敦协会条款 ICC（A）险的承保风险包括 3 个条款，即风险条款、共同海损条款和船舶互撞责任条款。

（1）共同点：我国海上运输货物一切险条款与伦敦协会货物（A）险条款对“一切风险”的理解基本上是一致的，保障的范围也基本一致。

（2）不同点：伦敦协会货物（A）险条款规定的除外责任比我国一切险条款更为具体，伦敦协会货物（A）险条款的除外责任分为一般除外责任、不适航不适货除外责任、战争除外责任和罢工除外责任，每一除外责任里面又分为几项。一般除外责任里的“船舶所有人、经理人、租船人或经营人破产或不履行债务所造成的损失”这一条在我国一切险的除外责任中没有。我国海上运输货物一切险条款中的船舶适航、适货为默示保证，而伦敦协会货物（A）险条款中的船舶适航、适货的默示保证改为明示保证。

此外，在战争除外责任条款中，伦敦协会货物条款（A）险承保海盗行为造成的货物损失，而我国海上货物运输保险一切险条款没有承保海盗风险，而是将海盗风险列在货物战争险条款中加以承保。

七、案例分析题

法院经审理认为：第一，中福轮船为“仲宇”轮的船舶经营人，对该轮具有可保利益；第二，该轮沉没原因系触碰水下障碍物，属保险合同约定的一切险承保范围；第三，该轮开航时的吃水情况与核定设计要求的差距极小，属正常范围，总体上并未超载。前货舱载货约 510 吨，后货舱载货约 750 吨，为配载严重不当，但在未超载情况下，仅以货物配载不当认为船舶不适航，依据不足。上海人保不能证明自己符合免责条件，依法应承担保险赔偿责任。据此，法院判决上海人保赔偿中福轮船船舶全损人民币 279. 50 万元及利息。

本案争议的焦点：船舶是否适航。

依据《中华人民共和国海商法》第四十七条的规定，承运人应谨慎处理使船舶处于适航状态，包括船体、船机的结构和性能，船员的配备，雷达、海图等装备和资料及燃料等供应品，应使船舶正常航行及作业，并抵御航程中通常或合理预见的风险。如果船舶不符合上述条件而受损，保险人拒绝赔偿。

如果货物超载或积载、配载不当只影响货物而不影响船舶的安全，不构成船舶不适航，而且“仲宇”轮沉没是因船长或船员过失致触碰水下障碍物造成的，即使保险人主张的船舶不适航有据，但该不适航与船舶沉没之间也没有因果关系。因此，中福轮船胜诉。

第十章　海上船舶保险

一、填空题

1. 客货船
2. 杂货船
3. 船舶保险
4. 无形标的
5. 可变换集装箱船
6. Lloyd's
7. 定期保险
8. 低于
9. 3/4
10. 中国船级社
11. 保赔协会

二、名称解释

1. 有形标的：有形标的就是各种运输船舶。

2. 无形标的：无形标的是指与船舶有关的利益和责任。

3. 船舶适航：船舶适航是指船舶在各方面能满足预定航程的要求，船舶保险只承保适航的船舶。

4. 船舶入级：船舶入级是对船舶进行技术监督和检查的重要手段。船舶是否取得船级与海上运输及船舶保险有着极为密切的关系。

5. 中国船级社：中国船级社成立于 1956 年，是中国唯一从事船舶入级检验业务的专业机构。中国船级社是国际船级社协会的正式会员之一，并先后于 1996—1997 年、2006—2007 年担任国际船级社协会理事会主席。中国船级社（CCS）最高船级符号被伦敦保险商协会纳入其船级条款，享受保费优惠待遇。

三、是非判断题

1. NO 2. NO 3. YES 4. NO 5. YES 6. YES 7. NO 8. NO 9. YES
10. YES 11. NO 12. YES 13. NO 14. YES 15. NO

四、单项选择题

1. D 2. B 3. B 4. D 5. A 6. B 7. A 8. C 9. D
10. B 11. D 12. A 13. C 14. A 15. B

五、多项选择题

1. ABCDE 2. ABC 3. ABCDE 4. ABCD 5. ABCD 6. ABC
7. ACDE 8. AD 9. ABD 10. ABCD 11. ACDE 12. ABDE
13. ABCDE

六、思考题

1. 船舶保险的无形标的包括哪些?

船舶保险的无形标的包括:

(1) 运费,包括船舶所有人或承租人运送自己货物所得的利益以及第三者给付的运费。

(2) 从事海上运输所支付的经营费用和保险费。

(3) 船舶经营可获得的预期利润。

(4) 依法承担碰撞对方船的经济赔偿责任。

2. 船舶保险的有形标的包括哪些?

船舶保险的无形标的包括:

(1) 船壳或船体。

(2) 引擎、锅炉、发电机以及其他机器设备、燃料和物料。

(3) 附属器具,如通信装置、导航装置、船上的设备。

(4) 锚链、海图、航海日志、家具、物品、救生用具(或舢板)等。

3. 简述船东加入船级社的意义。

船舶入级是对船舶进行技术监督和检查的重要手段。船舶是否取得船级与海上运输及船舶保险有着极为密切的关系。在国际上,根据船级来决定运费和保险费的高低,国际贸易中还规定,只有获得船级的船舶才能承运货物,租船人也可根据船级证书了解船舶的技术状态,以决定是否租用。因此,船东加入船级社的意义重大,关系到船东的生存与发展。

4. 简述船舶保险的特点。

船舶保险承保船舶在航行或停泊期间遭受的自然灾害和发生的各种意外事故造成的损失。船舶保险的特点如下：

（1）船舶保险是财产保险的一种。船舶保险除了对因自然灾害和意外事故造成被保险船舶本身的损失给予补偿外，对被保险船舶与他船碰撞的责任也予以承担。

（2）船舶保险是定期保险或航次保险。船舶保险可分为以年为单位的定期险和以航程为单位的航次保险。

（3）船舶保险单不能随便转让。这是因为船东经营管理水平会直接影响船舶发生事故的频率，船舶在保险期内出售或转让，船舶保险人的责任即告终止。

（4）船舶保险是高风险业务。由于船舶保险风险集中，牵涉面广，航行在世界各地，风险难以控制，而且船舶价格昂贵，发生事故后损失较大，因此船舶保险风险特别高。

5. 谈谈船东保赔保险的产生的背景。

船东保赔保险的产生是海上保险市场发展的必然结果。普通商业船舶保险无法完全满足船东的需要，如1/4碰撞责任、超出船舶价值的碰撞责任、船东对第三人人身伤亡的赔偿责任以及船舶不适航所造成的货损责任等都不属于普通商业保险的承保范围，但这些责任对于船东而言非常重要。为了分散风险，船东互保协会应运而生。

七、计算题

1. 单一责任制计算

小船承担的责任额 = 60% × 50 000 = 30 000（元）

大船承担的责任额 = 40% × 30 000 = 12 000（元）

差额 = 30 000 − 12 000 = 18 000（元）

两者经过抵消后，小船赔偿大船 18 000 元，在伦敦协会船舶险条款下，根据船舶碰撞责任条款的规定，小船可以向其保险人提出 18 000 元的 3/4 碰撞责任的赔偿。

赔偿额 $= 18\,000 \times \frac{3}{4} = 13\,500$（元）

2. 交叉责任制计算

小船承担的责任额 = 60% × 50 000 = 30 000（元）

大船承担的责任额 = 40% × 30 000 = 12 000（元）

如果双方都买了保险，保险人可承担其碰撞责任。小船的保险人应赔付小船承担的 60%碰撞责任赔款 30 000 元，而大船的保险人应赔付小船承担的 40%碰撞责任赔款 12 000 元。这样，两船的实际损失对照如表 1 所示。

表 1　　两船的实际损失情况　　单位：元

船　名	大船	小船
财产损失	50 000	30 000
保险公司赔偿	30 000	12 000
实际损失	20 000	18 000

八、案例分析题

被告广西国际合作经贸公司与保险公司认为，共同海损事故是海南华联轮船公司不可免责过失（不适航）造成的，拒绝分摊共同海损费用。

法院根据目的港验船师的检验报告及原被告对该故障原因均予以认可，予以采信。“琴海 108”轮主机共有 9 个缸，其 9 个缸的密封环全部失去弹性，而密封环失去弹性乃是一个渐进的过程，这一现象在开航前和开航当时已经存在，即船舶在开航前和开航当时是不适航的。“琴海 108”轮主机每一个缸的密封环全都老化且不气密，是一个长期的、渐进的过程，是一个谨慎的专业人员以惯常方法检查船舶所能够发现的缺陷，因此显然不属于船舶的潜在缺陷。由此非潜在缺陷而造成的船舶不适航，承运人不能免除赔偿责任。根据《中华人民共和国海商法》第四十七条“承运人在船舶开航前和开航当时，应当谨慎处理，使船舶处于适航状态，妥善配备船员、装备船舶和配备供应品”的规定，上述情况表明船舶是不适航的，并且该不适航与共同海损事故之间有显而易见的法律上的因果关系。

原告海南华联轮船公司不可免责过失而导致的共同海损损失，应由其自行承担，而不能将该损失转嫁给非过失方，否则有悖法律关于承运人最低责任的规定。被告以共同海损事故是原告不可免责过失造成为由进行抗辩并拒绝分摊共同海损损失，符合法律规定，法院依法予以支持；原告海南华联轮船公司诉讼请求被告广西国际合作经贸公司分摊共同海损损失，没有法律依据，依法予以驳回。根据《中华人民共和国海商法》第一百九十三条、第四十七条以及第一百九十七条之规定，判决如下：驳回原告海南华联轮船公司对广西国际合作经贸公司、保险公司的诉讼请求，案件受理费由原告海南华联轮船公司负担。